江西通史

——魏晉南北朝卷下冊

目錄

第一章｜東吳對江西地區的佔領和統治

第四章——

六朝時期江西社會經濟
的長足發展

　　六朝與唐宋曾是古代江西兩個極為重要的發展時期，若從江西地方史的整個發展趨勢而論，六朝更具有承前啟後的重要作用。這一時期，由於社會大環境的急劇變化和江西自身具有的種種優越條件，江西社會開始得到較大程度的開發，無論是農業、手工業還是商業，都有了長足的發展和進步。農業生產節節上升，土地得到大面積的墾辟，稻、麥、粟等各種糧食作物普遍種植，產量不斷提高，江西地區開始成為重要的糧食輸出地。與此同時，桑、麻等各類經濟作物廣為播植，水果栽培技術和園藝業也都有相當的進步。在農業發展的基礎上，各種手工業如紡織、釀酒、竹木器製造、造船、製茶、漆器、瓷器、製磚、礦冶等也隨之發展起來，進步顯著。農業、手工業的發展，又帶動了商業的繁榮，商品貨幣經濟日趨活躍，大小城鎮如雨後春筍般湧現，城市經濟日新月異。六朝江西經濟的蒸蒸日上，為唐宋時期江西社會的全面發展和興盛奠定了牢固的基石。

第一節 ▶ 江西地區發展社會經濟的優越條件

　　古代江西真正得到較大開發應始於六朝時期。究其原因，既有當時江南社會經濟長足發展的共同有利因素，也有江西自身所特有的優越條件。

一　江南社會經濟長足發展的共同有利因素

　　以共同原因而論，一是當時江南社會長期處於六朝的統治之下，這些割據政權的力量均弱於北方，為了建立起與北方相抗衡

的強大經濟、軍事實力，都比較注重發展農業生產和對邊鄙地區的開發。六朝各代帝王大都能較充分地認識到「國以民為本，民以食為天。故一夫輟稼，饑者必及。倉廩既實，禮節以興」[1]的道理，在「首食尚農，經邦本務」[2]的思想指導下，採取種種措施，大力發展農業生產。這些措施包括：

第一，頻頻發佈勸農詔書，督課農功，提倡耕桑，廣辟農田；不誤農時，務盡地利；獎勤罰惰，全力赴農。一些帝王在即位之初，便把勸課農桑當作第一件要事來抓。如宋孝武帝剛即位，於孝建元年（454 年）正月戊申頒佈詔書說：「凡諸守蒞親民之官，可詳申舊條，勤盡地利。力田善蓄者，在所具以名聞。褒甄之科，精為其格。」[3]要求地方官勤於勸農，做到地盡其利；對於那些努力耕作而又善於儲藏糧食的農民，要將他們的名字一一報上來，然後按等級進行褒獎。梁武帝初即位，於天監元年（502 年）四月下詔說：「……其有田野不闢，獄訟無章，忘公殉私，侵漁是務者，悉隨事以聞。」[4]

第二，躬耕籍田，為民表率。躬耕籍田本為古代帝王於初春之月舉行的一種耕作禮儀，表示以身作則，帶頭春耕。南朝各代帝王加以繼承，並有所發展。東吳黃武五年（226 年）春，大臣陸遜以所在穀少，上表孫權請下令諸將增廣田畝。權報曰：「甚

1　《宋書》卷五《文帝紀》，第 91 頁。
2　《宋書》卷六《孝武帝紀》，第 114 頁。
3　《宋書》卷六《孝武帝紀》，第 114 頁。
4　《梁書》卷二《武帝紀中》，第 36 頁。

善。今孤父子親自受田,車中八牛以為四耦,雖未及古人,亦欲與眾均等其勞也。」[5]孫權不僅帶頭躬耕,還表示要親自受田,與眾將士均勞逸。其他帝王也都常常舉行各種躬耕儀式。帝王躬耕籍田雖無多大實際意義,但在一定程度上反映了統治者對農業生產的重視,對人民多少有些表率作用。

第三,以墾田畝數、入谷多少作為年終考核地方官吏的重要標準。如東晉元帝「督課農功,二千石長吏以入穀多少為殿最。其非宿衛要任,皆令赴農,使軍各自佃作,即以為廩」[6]。宋文帝在元嘉二十年(443年)十二月壬午詔書中強調:「有司其班宣舊條,務盡敦課。遊食之徒,咸令附業,考覈勤墮,行其誅賞,觀察能殿,嚴加黜陟。」[7]齊武帝也在永明三年(485年)正月丙辰詔書中,要求各級親民之官「宜嚴課農桑,相土揆時,必窮地利。……將明賞罰,以勸勤怠。校核殿最,歲竟考課,以申黜陟」[8]。

第四,獎勵孝悌力田,授以爵位。

第五,貸給農民耕牛種子,春耕期間禁止宰牛。

以上措施對於推動六朝的農業生產起到了重要的作用。

二是南方戰亂較少,社會秩序相對穩定,客觀上給南方經濟的發展提供了良好的環境條件。六朝時期南方各地也有戰亂,尤

5　《三國志》卷四七《吳書·孫權傳》,第1132頁。
6　《通典》卷二《食貨典二》,第42頁。
7　《宋書》卷五《文帝紀》,第91頁。
8　《南齊書》卷三《武帝紀》,第50頁。

其是統治集團內部的矛盾和紛爭，蕭梁末還發生了破壞性極為嚴重的侯景之亂，但這些戰亂大多是局部性的，每次戰亂延續的時間都不長，多則幾年，少則僅有幾個月，多數時間是在和平環境中度過的，不像當時中原那樣長期成為鏖兵的戰場。因此，整個社會經濟能較快地從戰亂中恢復過來，並得到迅速的發展。

三是中原人民為躲避戰亂而潮水般地渡江南移，無疑又給南方社會增添了大批具有豐富生產經驗的勞動人手，帶來了大量的先進生產技術和工具。自東漢末至陳朝，北人南遷絡繹不絕，總數逾百萬，遍及江南各地。南北兩支勞動大軍相互匯合，攜手奮進，大大加快了南方社會經濟前進的步伐。

二　江西地區自身的優越條件

江西地區發展社會經濟，還有著自己得天獨厚的條件。

這裡地域遼闊，襟江帶湖，贛江、撫河、信江、昌河、修水、錦江、袁河縱橫其間，港灣河汊，繁密如網；池沼湖澤，星羅棋佈；土地肥沃，氣候宜人，物產豐富。雷次宗《豫章記》說：「地方千里，水路四通，風土爽塏，山川特秀，奇異珍貨，此焉自出。」[9]宋代著名史家王應麟也說：「鐘陵奧區，楚澤全壤，天開翼軫之域，地扼江湖之國。」[10]

六朝時期的江西水路便捷，交通發達。由建康通廣州的內河

9　樂史《太平寰宇記》卷一〇六引《豫章記》。
10　王應麟《玉海》，上海古籍出版社，1992。

航運必經贛江，往來船隻來往頻繁；南海諸國及西亞與六朝的海上交通貿易發達，許多使者、高僧以及貨物到達廣州後，即經贛江航道抵達建康。尋陽號稱「通衢」，西連岷漢，北達中原，東下至海，南通交廣，交通貿易尤為發達。

從戰略地位而言，江西向為形勝之地，在南北長期對峙的六朝，其地理位置極為重要。唐王勃《滕王閣序》云：「襟三江而帶五湖，控蠻荊而引甌越。」尋陽、豫章既是政治、軍事重鎮，又是商業都會。《太平寰宇記》卷一一一江州條引晉《地道志》說：「尋陽南開六道，途通五嶺，北導長江，遠行岷漢，來商納賈，亦一都會也。歷宋、齊、梁、陳，郡與州並理，彈壓九派，襟帶上流，頗為重鎮。」

江西地區的富庶和戰略地位的重要，使六朝各代統治者十分垂涎。因此，他們在對江西地區激烈爭奪的同時，也很注意對它進行開發和建設，先後派出一批又一批良吏充任各級行政長官，在這裡開屯田，修水利，興學校，辦教育，帶領江西人民大力發展生產和文化事業，使江西地區的面貌發生了日新月異的變化。從東吳時起，江西境內開始得到大面積的開發，大批荒地辟為良田，生產不斷上升，人口增殖，行政建置隨之發生重大的變化。西晉惠帝元康元年（291 年）置立江州，從此，江西完全成為直屬於中央的州一級獨立行政單位，經濟上也邁開了前進的大步，逐漸躋身前茅，一躍而成為長江中下游地區的第三大經濟中心。

第二節 ▶ 水利工程的興建和農業經濟的快速發展

一 各類水利工程的興建

水利是農業的命脈，以稻作農業為主的南方社會尤其離不開水利工程的大量興建。江西地區本來氣候溫和，雨量充沛，河湖密佈，土地肥沃，有著發展農業的良好自然條件。而六朝時期的江西各族人民又相繼興建了許多水利工程，更保證了農業的常年豐收。宜春郡內的羅村陂是著名的水利工程，「羅村陂，在分宜縣西七十里昌山峽。顧野王《輿地志》云：晉永嘉四年，羅子魯斷山堰為陂，灌田四百餘頃，故號羅村陂。」[11]豫章城內的南塘、浮梁縣境內的寧家陂都是載於史冊的較大水利工程。六朝統治者曾先後在江西各地廣興屯田，所修水利工程也不在少數。如《水經・贛水注》云：「又富水左右，公私裂溉，咸成沃壤。舊吳屯所在。」富水乃富城縣之河流，吳時富城縣，晉武帝太康元年更名豐城縣。據此可知，東吳在今江西豐城興修了許多水利工程，屯田規模也不小，致使富水兩岸「咸成沃壤」。至於民間自修的各種不知名的水利設施更是不計其數，所謂富室「承陂之家，處處而有」[12]。

一些地方官吏還通過改造部分水利工程，為民興利除弊。如

11　清《江西通志》卷一五《水利》。
12　《宋書》卷九一《孝義徐耕傳》，第 2252 頁。

豫章城「每於夏月，洪水溢塘而過，居民多被水害」。這裡所說的塘是指南塘，位於南昌城內東湖（今八一湖）旁。無名氏《豫章志》載：「東湖，在郡東南，周廣五里。酈道元云：東湖十里一百二十六步，北與城齊。本通大江，增減與江水同。」東漢永平年間（58-75年），太守張躬始築堤以通南路，謂之南塘，以蓄江水，冬夏不增減。水至清深，魚甚肥美。但一到夏季，贛江容易漲水，江水氾濫，溢塘而過，常常發生水災。劉宋景平初，蔡廓出任豫章太守，不久便發生了一場大洪水。正值其大兒子出門迎親，停船江中小島旁，兒欲先渡婦船，因衣服被船頭掛住，遂墮入水中淹死。兒子被洪水淹死，促使蔡廓下決心治理洪水，故史稱：「至宋景平元年（423年），太守蔡君（即蔡廓），西起堤，開塘為水門，水盛則閉之，內多則泄之，自是居民少患矣。」[13]劉宋以後，一些封建王朝又先後對南塘進行過多次治理。

在興修水利的過程中，江西勞動人民還到處築堰圍湖，排除灘塗積水，造作大量湖田，為旱澇保收創造了條件。這種湖田在鄱陽湖一帶尤多，從而使該地成為當時的重要糧倉。

二　糧食與經濟作物

優越的自然條件和大批水利工程的興建，為農業生產的快速發展提供了重要保證。六朝時期，江西境內已廣泛種植水稻、

13　北魏‧酈道元《水經注》卷三九《贛水注》，第741頁，上海古籍出版社，1990。

麥、粟、菽、桑、麻等各類糧食作物和經濟作物。

江西有著種植水稻的悠久歷史。考古證明，贛鄱地區是亞洲和世界稻作農業一個重要發祥地。一九九三與一九九五年，中美農業考古隊兩次合作發掘，在江西萬年仙人洞和吊桶環的新石器時代早期，即距今一萬兩千年前的地層中開始發現了人工栽培稻植矽石。經植物學家研究，這種水稻兼具籼、粳稻特徵，是一種由野生稻向人工培植稻演化的古栽培稻類型，它是迄今所知世界上最早的栽培稻遺存之一。此外，湖南道縣玉蟾岩洞穴遺址中也曾出土四枚稻穀殼，據農史學家初步電鏡分析，是屬於一種兼有野、籼、粳綜合特徵的從普通野生稻向栽培稻初期演化的最原始的古栽培稻類型，估計其年代大體與吊桶環及仙人洞相當[14]。

考古發掘和文獻資料表明，漢代南方稻田生產中已普遍採用鐵農具和推廣牛耕，一整套農機具如犁鏵、耒、鍤、鏟、鋤、鐮等鐵農具和杵臼、碓、風車、磨等脫粒加工木石農具，已能適應水田精耕細作技術體系的要求。至遲到東漢時期，長江流域的水稻種植已基本擺脫「火耕水耨」的落後狀態，開始走上精耕細作的道路，江西地區也不例外。

西晉時，豫章郡的水稻生產已遠近聞名。史載，太康年間，「有嘉禾生於豫章」[15]。晉懷帝即位後，甚至把年號都改名為永

14 彭適凡《雪白的稻米從這裡種起──萬年仙人洞和吊桶環遺址》，載孫家驊、詹開遜主編《手鏟下的文明──江西重大考古發現》，江西人民出版社，2004。

15 《説郛》卷五一《豫章古今記・寶瑞部》。

嘉。經東吳、東晉近兩百年的開發經營，江西農業快速發展，至南朝劉宋時，江西已成為江南稻米的重點產區之一，不僅稻米品質好，而且產量高，糧儲豐富。《豫章記》記載說：「嘉蔬精稻，擅味於八方。……沃野墾辟，家給人足，蓄藏無缺，故穰歲則供商旅之求，饑年不告臧孫之糴。」[16]說明豫章郡的大量土地被辟為良田，水稻廣為種植，以味道精美而享譽四面八方，家家都儲藏了許多糧食，人們不愁吃喝；豐年則向商人和遊客提供糧食，即使荒年也不必告求於人去購買。

又《太平御覽》卷八二一《資產部・田》引《豫章記》：「郡江之西岸有磐石，下多良田，極肥腴者，一畝二十斛，稻米之精者，如玉瑛之徹於器中。」這裡所說郡江之西岸是指今南昌城西贛江兩岸，此處多良田，極肥沃的土地竟能畝產稻穀二十斛。據谷霽光先生推算，漢唐間一般畝產在三至五石（斛）之間，「畝產十石（斛），約當今之二石多」[17]。那麼，一畝二十斛，約當今四石多，在當時的生產技術和生產條件下，已算是高產紀錄了；且生產出的稻米放在容器中，竟如白玉一般閃閃發光，其品質之高可想而知。

除鄱陽、豫章一帶外，贛中廣大地區也盛產高品質的稻米。王孚《安成記》說：「田疇膏腴，厥稻馨香，飯若凝脂。」明正

16 《太平寰宇記》卷一〇六・洪州條。
17 《谷霽光史學文集》卷二《經濟史論・三國屯田制度的特點及其作用》，第223頁。

德《建昌府志》也說：建昌「土地衍沃，宜稻桑麻。」又說：「吳太平二年（257 年），孫亮置南豐縣，分南城之南境，又以地產嘉禾，故名曰南豐，至今稱邑名嘉禾。」安成郡領宜春、新喻（今新余）、永興、安成（今安福）、萍鄉等縣，明建德府相當於南朝臨川郡，領南城、南豐、新城（今黎川）、廣昌四縣。可見，這些地方在六朝時期都是著名的水稻產區。又《通典・州郡》筠州條稱：州內有米山，「《豫章記》云，生禾香茂，為米精美」。隋唐的筠州轄今高安、樟樹、上高、新昌、萬載諸縣（市），其所產稻米在南朝時已極佳。特別值得一提的是，南豐等四縣因所產稻米品質特優，唐宋時譽滿天下，其中的紅朱稻米、銀朱稻米相繼成為貢米[18]。

東吳時，江西和南方許多地區已開始種植雙季稻。左思《吳都賦》稱江南「國稅再熟之稻，鄉貢八蠶之綿」[19]。所謂「再熟之稻」即雙季稻。左思為西晉著名文學家，其《吳都賦》全面描述了當年吳國都城建康及全國的盛況。

除種植雙季稻外，江西勞動人民還學會了利用再生稻增產糧食的辦法。託名陶潛而作的《搜神後記》卷三・禾滿條記載了這樣一個故事：

盧陵巴丘（今峽江）人文晁（一作周冕）者，世以田作為

18　明正德《建昌府志》卷四《貢賦》。
19　清・嚴可均《全晉文》卷七四左思《吳都賦》，第 1884 頁，中華書局，1958。

業。年常田數十頃，家漸富。晉太元初，秋收已過，刈獲都畢，明旦至田，禾悉複滿，湛然如初。即便更獲，所獲盈倉。于此遂為巨富。

看來這位巴丘農民文晁是位種田能手，他靠田作而致富，秋收後沒有插秧又獲得一次好收成，其第二次收穫的顯然是再生稻。由於文晁善於利用再生稻資源，以至成為巨富。由此推知，當時能利用再生稻資源的肯定不止文晁一人，至少在盧陵一帶是較為普遍的現象。這一故事雖蒙上一層神話色彩，但反映的卻是可信的現實。

自東晉時起，江西已成為重要的糧食輸出地。東晉成帝咸和二年（327年），蘇峻作亂，宮室焚毀，朝廷糧食乏絕，完全依靠江州漕運供給，史稱：「是時朝廷空罄，百官無祿，惟資江州運漕。」[20]蘇峻之亂平定後，都邑殘破荒涼，大臣溫嶠力主遷都豫章，理由就在於豫章郡糧食豐足，境內全實。司徒王導以不宜輕易遷都為由加以反對，只好作罷。咸和四年（329年），後將軍郭默殺平南將軍、江州刺史劉胤，叛於湓口城。荊州刺史陶侃起兵討默，「默乃以布囊盛米為壘以應陶，今稱雲陶公壘」[21]。壘是戰爭中的一種防禦工事，一般由土石構築而成，郭默為了抵

20　《晉書》卷八一《劉胤傳》，第2114頁。

21　唐・李吉甫《元和郡縣圖志》卷二九《江南道四》江州條，第675頁，中華書局，1983。

禦陶侃的強大軍事攻勢，竟然用布袋裝滿大米築壘，這說明郭默軍中儲藏的大米之多，這些大米顯然都是前江州刺史劉胤留下的。劉胤生前大肆以官經商，其大宗商品便是產自江州的大米。陶公壘之所以名聞後世，大約也與郭默以布囊盛米築壘有關。

咸康六年（340 年）正月，庾亮卒，其弟庾翼繼為江、荊、司、雍、梁、益六州都督、荊州刺史，鎮武昌，六州都督府數萬將士的軍糧也主要依賴江州供給。史稱，庾翼在武昌，累有妖怪，又猛獸入府，欲移鎮樂鄉（今湖北松滋縣）以避妖、獸。征虜長史王述不同意，卻又不便公開反對，只好給時為揚州刺史、居京掌權的庾翼之兄庾冰寫信說：「樂鄉去武昌千有餘里，數萬之眾，一旦移徙，興立城壁，公私勞擾。又江州當溯流數千里供給軍府，力役增倍……」[22]王述的建議得到朝廷支持，庾翼只好打消移鎮的念頭。上游荊州須依賴中游江州供應糧米，應該不僅是庾翼任荊州刺史時是這樣，其他各任荊州刺史大概也不例外。

江州除支援京城建康和常年供給上游荊州的糧食外，還要隨時支持其他缺糧的州鎮。如淝水戰後，丁零人翟遼反，兗、青二州刺史朱序鎮淮陰，率眾討遼。因軍資不足，乃上表朝廷，「（請）求運江州米十萬斛、布五千匹以資軍費，詔聽之」[23]。一次從江州調運大米十萬斛、布五千匹，數量相當可觀，如果江州沒有發達的農業和充足的糧、麻資源，則是無法承受的。

22　《資治通鑒》卷九七・晉成帝咸康八年（342），第 3047-3048 頁。
23　《晉書》卷八一《朱序傳》，第 2133 頁。

南朝時，江南的稻作農業迅速發展。劉宋周朗說：「自淮以北（北朝），萬匹為市；從江以南（南朝），千斛為貨。亦不患其難也。」[24]從劉宋時起，江南稻米的產量，已經壓倒北方，而江西的鄱陽湖流域、湖南的洞庭湖流域和江浙的太湖流域，都成了南朝的著名糧倉。南齊永明年間（483-493年），天下米穀布帛賤，齊武帝欲建倉儲糧以備荒年。史稱：

　　帝欲立常平倉，市積為儲。六年，詔出上庫錢五千萬，於京師市米，買絲綿紋絹布；揚州出錢千九百一十萬，南徐州（治京口，今江蘇鎮江）二百萬，各於郡所市糴米；南荊河州（即南豫州，《通典》避唐代宗諱改，治壽春，今安徽壽縣）二百萬，市絲綿紋絹布、米、大麥；江州（治尋陽，今九江市）五百萬，市米、胡麻；荊州（治江陵，今湖北江陵縣）五百萬，郢州（治夏口，今湖北武昌西）三百萬，皆市絹、綿、布、米、大小豆、大麥、胡麻；湘州（治長沙）二百萬，市米、布、蠟……雍州五百萬，市絹、綿、布、米，使台傳並於所在市易。[25]

　　永明六年（488年），齊武帝趁天下米穀布帛至賤之機，詔令各州動用大量金錢在本地購買，以建立常平倉防備荒年。從各州所動用的金錢來看，揚州最多，為一九一〇萬；其次是江、

24　《宋書》卷八二《周朗傳》，第2093頁。
25　《通典》卷一二《食貨典・輕重》，第288頁。

荊、雍三州，分別為五〇〇萬，其他各州一般為二〇〇萬。這在一定程度上反映了各州的財力和米谷的充裕狀況。詔令江州出錢五〇〇萬，在本地市場上購買大米和胡麻，說明江西地區盛產大米、胡麻，且貨源充足。

齊和帝中興元年（501 年）正月，蕭衍起兵雍州奪帝位，甚至把九江作為軍隊後勤供應基地，大批糧米從這裡源源不絕地運出，滿足了前線的需要，保證了戰爭的勝利。《南史》記載說：「（九月）江州平，留（鄭）紹叔監州事，（蕭衍）曰：『昔蕭何鎮關中，漢祖得成山東之業；寇恂守河內，光武建河北之基。今之九江，昔之河內，我故留卿以為羽翼。前途不捷，我當其咎；糧運不繼，卿任其責。』紹叔流涕拜辭，於是督江、湘糧運無缺乏。」[26]

蕭梁時，江西的農業經濟得到繼續發展。天監十四年（515年），陸倕徙為晉安王長史、尋陽太守、行江州府州事，他在《謝敕使行江州事啟》中說：江州「封畛遐曠，纏井奧實，陸海神皋，偏屬茲境……」[27]陸倕於此盛讚江州地域遼闊，土地肥沃，良田遍地，物產富饒。從陸倕的話可以看出梁代江西的開發程度和農業生產蒸蒸日上的情況。

由於江西農業發達，盛產稻米，加之水運便捷，故南朝京城以外的大糧倉三分之二都在江西境內。《隋書·食貨志》載：蕭

26　《南史》卷五六《鄭紹叔傳》，第 1393 頁。
27　嚴可均《全梁文》卷五三《陸倕》引《藝文類聚》五〇，第 3256 頁。

梁時，「其倉⋯⋯在外有豫章倉、釣磯倉、錢塘倉，並是大儲備之處。」豫章倉在今江西南昌，釣磯倉[28]在今江西星子縣內，錢塘倉在今浙江省境內。以上三大糧倉，江西佔有其二。

尋陽（今九江市）不僅是重要的產糧基地，而且是江、荊、湘、郢諸州稻米的積存地、轉運口。《資治通鑑》卷一二八載宋孝武帝孝建元年（454 年），江州刺史臧質「擅用湓口、鈞圻（當為釣磯）米」。胡三省注云：「湓口（即尋陽）米，荊、湘、郢三州之運所積也。鈞圻米，南江（即贛江）之運所積也。」《水經・贛水注》云：「贛水自南昌曆彬丘城下，又曆鈞圻邸閣下，而後至彭澤。」大批稻米聚積尋陽，然後運往京城及各地。即使是經歷侯景之亂後的梁陳之際，江西民間仍儲存著大量糧米。如前面所述，陳霸先自始興起兵討侯景，過大庾嶺至南康，沿贛江順流而下直指尋陽，在沿途地方豪強和民眾的支持下，籌措軍糧達五十萬石；而王僧辯率領的荊州兵抵達尋陽時嚴重缺糧，陳霸先即分給三十萬石，從而為平定侯景之亂奠定了物質基礎。五十萬石是個不小的數目，陳霸先於大亂之後，能在短期內籌措這麼多軍糧，充分說明江西糧米的富足。

除水稻外，麥、粟、菽、桑、麻等多種農作物與經濟作物也廣為種植。南朝政府曾多次詔令各州郡長官督種，元嘉二十一年（444 年）詔曰：「南徐、兗、豫及揚州浙江西屬郡，自今悉督種

28　星子縣內有釣磯山，晉陶侃微時，曾登此山垂釣，釣磯倉由此得名。見《元豐九域志・附錄》南康軍條。

麥，以助缺乏。……速運彭城、下邳郡見種，委刺史貸給。凡諸州郡，皆令盡勤地利，勸導播殖蠶桑麻苧，各盡其力，不得但奉行公文而已。」[29]詔書中所雲揚州浙江西屬郡，當然包括鄱陽、豫章等郡在內。陳文帝天嘉元年（560 年）八月壬午，也詔令各州郡播種麥、粟，並要求地方官親臨勸課，特別困難的農戶，要適量貸給種子。詔曰：「菽粟之貴，重於珠玉。……麥之為用，要切斯甚，今九秋在節，萬實可收，其班宣遠近，並令播種。守宰親臨勸課，務使及時。其有尤貧，量給種子。」[30]在政府的大力提倡下，麥、粟、菽、桑、麻等在各地廣泛種植起來。

　　至遲在晉代，粟已成為江西人民的重要糧食品種之一。《北堂書鈔》卷三九引《虞氏家記》：「（江左初遷），虞潭為南康內史，時年荒狀，鬥粟四兩銀，糊口不繼。」贛南如此，贛北等地也不例外。晉宋之際的著名田園詩人陶淵明甚至把麥、粟、菽、桑、麻當作詩文的重要寫作素材，如《歸去來兮辭序》說：「余家貧，耕殖不足以自給。幼稚盈室，缾（瓶）無儲粟。」《歸田園居》寫道：「狗吠深巷中，雞鳴桑樹顛。」「但願桑麻成，蠶月得紡織。」《有會而作》：「弱年逢家乏，老至更長饑；菽麥實所羨，孰敢慕甘肥。」他還常與鄰居們「相見無雜言，但道桑麻長」。對家鄉農業的豐歉表示極大的關切[31]。另據《宋書·符瑞

29　《宋書》卷五《文帝紀》，第 92 頁。
30　《陳書》卷三《世祖紀》，第 51 頁。
31　以上詩文分見《陶淵明集》卷一至卷五，龔斌校箋，上海古籍出版社，1999。

志下》記載，元嘉二十八年（451 年）七月，「尋陽、柴桑菽粟旅生，彌漫原野。」旅生就是野生的意思，尋陽、柴桑既然到處都是野生的菽（豆類）、粟（小米），那麼，必然有大量的人工種植。鄱陽郡如此，豫章郡「一年蠶四五熟」，[32] 蠶桑業更加發達。

贛南於都縣因氣候、水土適宜而大量種植甘蔗。北朝賈思勰在其著名農學著作《齊民要術》中稱：「于都宜種甘蔗。」于都縣的甘蔗因色味俱佳而享譽全國，至唐朝時則發展成為貢品，唐人徐堅在其《初學記》卷二〇《政理部‧貢獻》中稱：「于都縣土地肥沃，遍宜甘蔗，味及彩色餘縣所出無，一節數十碎，郡以獻禦。」由於各種農作物及經濟作物日益充裕，江西和江南其他經濟發達地區一樣，到處呈現一派「田非疄水皆播麥菽，地堪滋養悉藝枲麻，蔭巷綠藩必樹桑柘，列庭接宇唯植竹栗」[33] 的生機盎然的生產景觀。

三　林、漁、牧諸副業

六朝時期，江西的水果栽培技術與園藝業也有相當的進步。柑、橘、柚、橙、石榴等各種亞熱帶果木與北方的桃、李、梨、栗等均大量植根於江西境內。南朝劉宋《異苑》一書記載說：「南康溪石山有柑、橘、橙、柚。」晉代干寶《搜神記》還專門

32　《隋書》卷三一《地理志下》，第 887 頁。
33　《宋書》卷八二《周朗傳》，第 2093 頁。

記載了一則三人入南康東望山貪食柑橘的故事：

南康郡南東望山，有三人入山，見山頂有果樹，眾果畢植，行列整齊，如人行。柑子正熟，三人共食，致飽，乃懷兩枚，欲出示人。聞空中語曰：「催放雙柑，乃聽汝去。」[34]

這兩部志怪小說所記史實，反映出六朝時期江西贛南地區普遍種植水果的情況，特別是南康郡（今贛州市）南東望山的園藝業已達到相當高的水準：山頂眾果畢植，果樹成行，排列整齊有序，果品品質極佳，以至食柑人吃飽後還懷揣兩枚，外出向人展示，只因受到主人的阻攔，才未能達到目的。

南城、南豐一帶的朱橘在唐朝時馳名遐邇，成為每年必納的貢橘，該地的柑橘栽培技術在六朝時必有很大進步，基本趨於成熟。

而桃、李、梅、杏等水果在江西境內也廣為種植。一九七六年七月，在南昌市繩金塔清理了一座西晉墓，出土青瓷器二十件，其中一青瓷鉢內盛有桃、梅一類果核[35]，田園詩人陶淵明家的庭院中也種植有桃、李、梨、栗等多種水果，其《歸田園居》詩第一首寫道：「開荒南野際，守拙歸田園。方宅十餘畝，草屋

---

34 干寶《搜神記》卷一七‧南康甘子條，載《漢魏六朝筆記小說大觀》，第 431 頁。

35 許智范《南昌繩金塔西晉墓》，載《文物工作資料》1976 年第 5 期。

第四章‧六朝時期江西社會經濟的長足發展

317

八九間。榆柳蔭後簷，桃李羅堂前。」又《責子》詩寫道：「白髮被兩鬢，肌膚不復實。雖有五男兒，總不好紙筆。……通子垂九齡，但覓梨與栗。」以上史實表明，柑、橘、柚、橙、桃、李、梨、梅、栗等是當時江西人民常食的水果。唐啟宇先生在論及六朝園藝業時曾指出：「長江以南成為北方果樹園藝與南方果樹園藝之融合地，北方之桃李南移，而於江、浙、贛、湘開闢一新的園地。」[36]

南方傳統的食物結構是「飯稻羹魚」，這與南方多水的自然環境和農漁並重的生產結構關係密切。自古以來江西地區號稱水鄉澤國，大小江河縱橫其間，池沼湖澤星羅棋佈，為漁業生產提供了豐富的自然資源。當時的漁業生產以捕撈魚釣為主，兼及人工養殖。晉代陶侃小時就曾與魚結下了不解之緣。青少年時代，他常常在釣磯山下釣魚。

釣磯山者，陶侃嘗釣於此。山下水中，得一織梭，還掛壁上。有頃，雷雨。梭變成赤龍，從空而去。其山石上，猶有侃跡存焉。[37]

陶侃垂釣的故事出自南朝志怪小說《異苑》，蒙上了一層神奇色彩，大約與他後來發跡做了大官有關，故人們盡力加以渲

---

36 《中國農史稿》，第410頁。
37 劉敬叔《異苑》卷一・陶侃釣磯條，載《漢魏六朝筆記小說大觀》，第597頁。

染。

除釣魚外，陶侃還常常捕撈魚。史書記載說：

陶公在尋陽西南一塞取魚，自謂其池曰「鶴門」。[38]

陶侃在尋陽西南取魚的魚池，似應是他自家的養魚池，否則他不可能任意取魚，而且還給魚池起了個「鶴門」的美名。

陶侃年青時曾作過尋陽魚梁吏，魚梁吏是專門替官府管理漁業生產的，說明尋陽有官府經營的漁業。東晉時也曾設立漁官。東晉義熙八年（412年）十一月，劉裕平定劉毅後，親至江陵，沿途目睹江、荊二州因遭受戰亂破壞而變得凋殘，乃下令二州罷除「諸非軍國所資」的「州郡縣屯田、池塞」。這裡所謂池塞，當是官府以漁業為主的水產經營。次年九月，劉裕又下令，禁止地方豪強封略山湖川澤，任意向薪采漁釣的小民徵收稅值。可見，漁釣是當時下層人民最常見的生產活動。

用漁網捕撈則是最主要的捕魚工具。《異苑》記載說：

元嘉中，高平檀道濟鎮尋陽。十二年入朝，與家分別。……以十三年三月入京伏誅。道濟未下少時，有人施罟於柴桑江，收之得大船，孔鑿若新，使匠作舴艋，勿加斫斧。工人誤截兩頭。檀以為不祥，殺三巧手，欲以塞愆。匠違約加斫，凶兆先構

矣。[39]

檀道濟是著名的北府兵將領，元嘉中出任江州刺史，鎮尋陽，元嘉十三年被宋文帝殺害。這裡講述的是他遇難前的一個凶兆，故事情節荒誕，不可信。但從中可以看出，當時尋陽一帶的人民已普遍地用魚網捕魚了。

除用魚網捕魚外，尋陽人民還善於用竹子編成「魚籪」（即竹柵欄）截水捕魚。劉宋山謙之《尋陽記》載：

晉義熙中，吳隸為魚籪於雲湖，乃有大魚化為人，語隸云：既有大魚籪攻，切勿殺。隸許之。須臾有大魚至，群魚從之。隸同侶不知，殺大魚。其夕風雨冥晦，魚悉飛上木間，因號飛魚徑。

吳隸與同伴在尋陽縣境內的雲湖用魚籪截水捕魚，一次就能捕到一條大魚和一群魚，收穫不小，說明尋陽一帶的漁業資源非常豐富，當地人民也有著豐富的捕魚經驗。當然，魚不可能與人對話，也不會飛上樹木間，這不過是作者採用擬人化的寫法罷了。

畜牧業方面，當時江西地區的傳統養豬業和家畜、家禽飼養

---

39 劉敬叔《異苑》卷一‧檀道濟凶兆條，載《漢魏六朝筆記小說大觀》，第630頁。

業較為發達。

　　自二十世紀五〇年代以來，江西省博物館考古工作隊曾先後在本省內的南昌、瑞昌、吉水、清江、泰和、永修、九江等數十個市、縣清理了上百座六朝古墓，在出土的大量遺物中，有不少是滑石豬和青瓷豬、馬、牛、羊、雞、鴨、鵝，以及豬圈、羊圈、雞圈、鴨圈、鵝圈等明器，呈現出一派豬牛羊成群，雞鴨鵝滿圈的六畜興旺景象。如一九七二年十一月間，在發掘的西晉瑞昌馬頭西晉墓中，出土青瓷器六六件，其中馬兩件，有鞍；牛兩件，一件頭有角，抬頭豎尾；雞寮一件，五脊頂，無簷，雙門，內臥一雞（見插圖）；狗圈一件，缽狀，內有兩狗，一臥一立。牲禽圈四件，圈圍作圓欄杆狀，長方形圈門，計豬圈一件，內有兩豬，大豬咀靠長方形食槽，作食狀，小豬旁立；羊圈一件，內臥兩羊；鵝圈一件，一鵝昂首，另兩隻鵝平視；鴨圈一件，圈柱劃有葉脈紋，以示竹圍，內有三鴨，一伏二立[40]。一九七四年三月間，在南昌市東湖區永外正街清理出的一座晉墓中，一次就出土石豬四件。石豬呈灰白色，長五點三至五點六釐米，寬二點二至二點三釐米，高二點一至二點二釐米，膘肥體壯[41]。以上考古材料充分證明，晉代的江西各族人民已經具有豐富的養豬經驗，並把飼養家畜、家禽作為重要的家庭副業。

40　江西省博物館《江西瑞昌馬頭晉墓》，載《考古》1974 年第 1 期。
41　江西省博物館《江西南昌晉墓》，載《考古》1974 年第 6 期。

・青瓷雞屋（西晉）　　　　　・青瓷鴨圈（西晉）

第三節 ▶ 手工業的顯著進步

　　農業的發展推動了手工業的進步，紡織、釀酒、製茶、竹木器製造、造船、陶瓷、漆器、製磚、礦冶、金銀器及玉器加工業等各個部門異軍突起，令人刮目相看。

一　技術嫻熟的紡織業和釀酒業

　　江西地區盛產桑麻，為發展紡織業創造了條件。豫章郡一帶的婦女有著嫻熟的紡織技術，個個都是紡織能手。她們「勤於紡織，亦有夜浣紗而旦成布者，俗呼為雞鳴布」。通宵達旦地織造，當然很辛苦，但工效也很高，一個晚上就能織好一匹布。她們要趕在清晨雞鳴時刻新布下機，很可能是為了趕赴早市銷售。而「鄱陽、九江、臨川、盧陵、南康、宜春，其俗又頗同豫

章」[42]。這裡的婦女同樣以紡織擅長。

糧食的充裕又為釀酒業提供了大量原料。六朝時期的江西勞動人民掌握了很高的釀造技術，能釀出多種美酒。大詩人陶淵明不但能飲酒，而且自家還能釀造美酒，「春秫作美酒，酒熟吾自斟」的詩句便是明證。這是一種糯米酒，江西民間一般都會釀造，其方法是先將糯谷舂成白米，洗淨後煮成飯，再加上酒麴，然後放在甕中讓其自然發酵，並掌握一定的溫度。待酒熟後還要進行過濾，將酒糟濾去才能飲用。方法雖然不很複雜，但要釀出香醇的美酒，卻需一定的技術。兩晉南朝時，宜春縣生產的酒最知名，人稱「宜春酎」。該縣西四里有宜春水，水質甘美，是釀酒的上等水源，加之當地生產的優質稻米，故能釀出好酒。《晉書・地道記》云：「宜春美酒，隨歲舉上貢，刺史親付計吏。」[43]由於「宜春酎」是著名的美酒，故隋代成為貢酒。

二　品種多樣的竹木器製造業

江西竹木遍地，給竹木器製造業帶來便利條件。《豫章記》雲：「金鐵筱簜，資給於四境。」[44]筱簜，這裡泛指各類竹子和竹器，既然達到資給四境的地步，說明數量之多和品質之高，普遍受到歡迎。另從考古資料也可證明六朝時期江西竹木器製造業

42　《隋書》卷三一《地理志下》，第 887 頁。
43　《太平寰宇記》卷一〇九・袁州宜春縣條。
44　《太平寰宇記》卷一〇六・洪州條。

的發達情況。如 1979 年 6 月下旬，江西省博物館考古隊在南昌市清理了東吳高榮墓[45]，共發掘出竹木器 33 件，其中包括竹尺 1 件、木梳 6 件、木圭 1 件、木簡 21 件、木方 2 件、木屐 2 雙。竹尺長 24・2 釐米，一半為 5 等分，另一半則不分等，每等分處用 3 枚銀釘鉚成一路紋，兩端用銅包鑲，背面正中刻有一車輪紋，一端鑽有系線孔，製作相當精緻。木梳 6 件形制相同，上端呈半圓形，高 7 釐米、齒長 3.2 釐米，寬 6.5 釐米。木屐底部前後有兩條橫高掌，前掌有鐵釘足 4 枚，後掌鐵釘足 3 枚，長 25 釐米，掌高 6 釐米，另加鐵釘足高 1.5 釐米。釘上鐵釘足既能使木屐結實耐用，又可防滑。1974 年 3 月間，在南昌市東湖區永外正街清理的一座晉墓中，出土的竹木器也達 10 餘件，其中木尺 1 把（見插圖）、木盒 1 個、木梳 4 把、木珠 1 粒、木簡 5 塊、竹釘 2 個。同年 5 月間，在南昌市西湖區老福山晉墓中，出土木枕 1 件，平面呈長方形，平底凹面，長 33・5 釐米，寬 13 釐米，高 11 釐米；另有竹尖形器 1 件[46]。在其他六朝墓葬中，也發現不少竹木器，茲不一一列舉。

從出土的竹木器遺物看，其種類以生活用品居多，如木梳、木屐、木盒、木枕、竹釘等；生產用具則有木尺、木桶、木轆轤、竹籃、竹篩等，木珠可能是算盤上的珠子或佛珠。此外，如

45 劉林《南昌市東吳高榮墓的發掘》，載《江西歷史文物》1980 年第 1 期。

46 《江西南昌晉墓》，載《考古》1974 年第 6 期。

上文提到的截水捕魚的魚
簍，則是一種特製的捕魚
工具。

三　發達的造船業

　　江西竹木資源豐富，
加之水路四通八達，從而

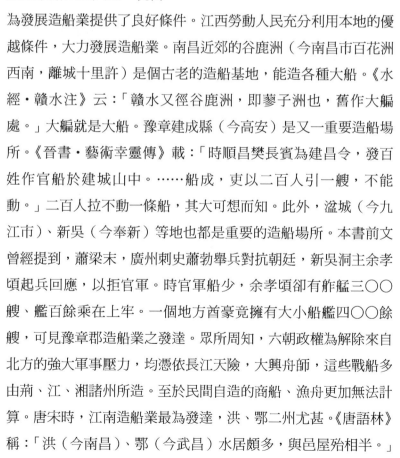

·木尺（西晉）

為發展造船業提供了良好條件。江西勞動人民充分利用本地的優
越條件，大力發展造船業。南昌近郊的谷鹿洲（今南昌市百花洲
西南，離城十里許）是個古老的造船基地，能造各種大船。《水
經·贛水注》云：「贛水又徑谷鹿洲，即蓼子洲也，舊作大艑
處。」大艑就是大船。豫章建成縣（今高安）是又一重要造船場
所。《晉書·藝術幸靈傳》載：「時順昌樊長賓為建昌令，發百
姓作官船於建城山中。……船成，吏以二百人引一艘，不能
動。」二百人拉不動一條船，其大可想而知。此外，溢城（今九
江市）、新吳（今奉新）等地也都是重要的造船場所。本書前文
曾經提到，蕭梁末，廣州刺史蕭勃舉兵對抗朝廷，新吳洞主余孝
頃起兵回應，以拒官軍。時官軍船少，余孝頃卻有舴艋三〇〇
艘、艦百餘乘在上牢。一個地方酋豪竟擁有大小船艦四〇〇餘
艘，可見豫章郡造船業之發達。眾所周知，六朝政權為解除來自
北方的強大軍事壓力，均憑依長江天險，大興舟師，這些戰船多
由荊、江、湘諸州所造。至於民間自造的商船、漁舟更加無法計
算。唐宋時，江南造船業最為發達，洪、鄂二州尤甚。《唐語林》
稱：「洪（今南昌）、鄂（今武昌）水居頗多，與邑屋殆相半。」

「舟船之盛,盡於江西。」江西於唐宋時造船業之大盛,離不開六朝時奠定的雄厚基礎。

四 享譽江南的製茶業

製茶是當時江西的又一重要手工業。

我國是世界上最早種茶、製茶和飲茶的國家,茶文化源遠流長。至遲在三國時,我國江南地區已普遍地把茶當作飲料,而逐漸養成飲茶的習慣。據《三國志・吳志・韋曜傳》載:「(孫)皓每饗宴,無不竟日,坐席無能否,率以七升為限,雖不悉入口,皆澆灌取盡。曜素飲酒不過二升,初見禮異時,常為裁減,或密賜茶荈以當酒。至於寵衰,更見逼強,則以為罪。」這是目前所能見到的最早、最具體地把茶當作飲料的可靠信史。宮宴上備有茶水,茶又能代酒,說明當時吳地飲茶已較為流行。由此推知,我國飲茶的歷史應該大大提前,而絕非始於三國時代。

一九九四年一月,江西吉水富灘發掘了一座東吳晚期墓[47]。在出土的一批青瓷器中,有青瓷擂缽、帶蓋缽、盞托等,這應當視為我國目前發現較早的成套茶具。僅就茶託子而言,它是我國目前所見最早的實物。據此可證,三國時期的江西人民已開始養成飲茶的習慣,並掌握了一定的製茶技術。兩晉時期,隨著種茶、製茶業的逐步發展,南方飲茶更為普遍,從而形成一種社會風氣。

---

47 李希朗《江西吉水富灘東吳墓》,載《南方文物》1996 年第 3 期。

南朝時，江西的製茶業已非常發達，賈思勰《齊民要術》引《荊州地記》曰：「浮梁茶最好。」浮梁即今江西景德鎮市。《太平寰宇記》卷一○七・浮梁縣條則說：「按郡國志：斯邑產茶，賦無別物。」既然在浮梁縣徵收的全是茶葉稅，說明該地茶葉種植之廣泛，不僅數量多，而且品質高，實居當時江南各產茶地之首。唐時，浮梁的茶商雲集，茶葉遠銷四面八方，故白居易《琵琶行》寫道：「商人重利輕別離，前月浮梁買茶去。」元和年間，饒州浮梁縣每年茶稅達十五萬貫，成為全國最大的商品茶基地。除浮梁縣外，袁、吉等州也盛產茶葉，陸羽《茶經八》在談到江南道的優質茶產地時曾指出：「江南——生鄂州、袁州（治宜春）、吉州（治吉安）。」顯然，袁州、吉州在六朝時期的製茶技術也是較高的。

五　技藝精湛的漆器業

漆器業在我國也有著悠久的歷史。早在商代，已出現漆器工藝。戰國中期以後，漆器業開始脫離木器業而成為一個獨立的手工業部門。其時的飲食器具、日用容器、武器、樂器，乃至棺材，都要髹漆，許多器物上還繪有各種漆畫。漢代的漆器業已有很大的發展，並達到很高的水準。漢皇室在蜀郡（成都）、廣漢等地設工官監造漆器，漆器的種類很多，有杯、盤、壺、盒、盆、勺、枕、奩等。僅以長沙馬王堆漢墓中出土的一八四件漆器和兩具彩繪大漆棺為例，這些漆器造型優美，形式多樣，色彩鮮豔，紋飾富麗，製作精良，無論在生產技術或工藝技巧上都表現出了極高的成就。魏晉南北朝時期，由於長期戰亂的影響，民間

手工業趨於衰落，而官府手工業卻一如既往地向前發展。至於六朝時期漆器業的情況如何，史無明文，難知其詳，但能保持固有傳統，應無可懷疑。

考古資料證明，六朝時期江西民間普遍使用漆器，且製作技術精湛。在南昌等地清理出的六朝墓葬中，發現大量漆器。如1979 年 6 月下旬，在南昌市東吳高榮墓中[48]，出土漆器 15 件，器形有槅、羽觴、盤、缽、碗、奩盒（見插圖）等。清器均為木胎，有的木胎外再貼麻布，器外表多為黑色，內為暗紅或朱紅，少數器物表面有各種彩畫和鑲嵌裝飾。一些器物製作精美，如奩盒蓋外體鑲嵌 2 釐米寬的銅片 3 圈，蓋頂外圈也鑲嵌有兩圈銅片，蓋頂中用銅鑲嵌出柿蒂形圖案鈕，在每出瓣中和蒂中心各鑲嵌水晶珠 1 顆，顯得十分雅致。1974 年 3 月間，在南昌市東湖區永外正街清理的一座晉墓中[49]，出土漆耳杯 3 件，形制相同，大小各異；另有 1 件，口沿處有蓋槽，平面呈長方形，內分一方格，四角有 4 個對稱的小方格，中央分 3 個方格，盒底端有朱漆隸書「吳氏」三字，應是吳氏生前使用的 。其底部、四角及口沿處施黑漆，其內及四側中部施朱紅漆。1976 年 7 月，在南昌市繩金塔西晉墓中，也出土漆器 10 件，其中有盤 2 件、耳杯 3 件、盒 3 件、碗缽各 1 件，均為木胎，外施黑漆或紅漆。

1997 年 9 月，在南昌火車站廣場東晉墓出土的宴樂圖漆

48　劉林《南昌市東吳高榮墓的發掘》，載《江西歷史文物》1980 年第 1期。

49　江西省博物館《江西南昌晉墓》，載《考古》1974 年第 6 期。

盤，可代表該時期江西地區漆器工藝的最高水準。漆盤口徑二十五點五釐米，底徑二十四點一釐米，高三點六釐米。卷木胎，平沿，淺腹，大平底。口沿、外壁及底髹黑漆，內壁、內底為朱紅地。口沿、內外壁飾有朱紅或黃色弦紋、圓點紋、連珠紋。內底在朱紅地上以紅、黃、黑、灰綠等色彩滿飾人物、車馬、瑞獸及鉤線紋等。人物圖案以中間上下兩組人物為中心，其中一組為一紅衣長髯者手捧託盤造訪，身後一侍女側立，綠衣長髯老者作迎接狀，其後為一頭戴冠冕、身著華麗服飾、手搖羽扇的貴婦在侍女簇擁下出迎貴賓，一侍女在前引路，一侍女手持華蓋，一侍女跟從。另一組為綠衣老者手撫琴瑟歌樂，神態怡然，其左側紅衣老者手捧託盤，旁邊侍女側立。圖案上方有一少年公子帶著三名侍從駕車出巡遊樂，圖案下方為四名手捧託盤相對而立的侍從及一孩童。圖案周邊及中間還飾有垂獐、鹿、龜、瑞鳥等，整個圖案繪有二十個人物。描繪手法採用黑色勾線的鐵線描，再平塗渲染，設色濃淡有致，人物面部較圓滿，表情自然生動，表現出宴飲歌樂的太平景象[50]。

·漆盒（三國東吳，南昌高榮墓出土）

50　趙德林《東晉宴樂圖漆盤》，載《南方文物》1999 年第 4 期。

六　成熟的青瓷業

六朝時期的江西陶瓷業更有著承前啟後的重大進步，是最重要的手工業部門。江西是我國原始瓷重要產地之一，有著較好的制瓷基礎。至六朝時，青瓷器已普遍燒造使用，陶器在日常生活中已退居次要地位。自二十世紀五〇至九〇年代，江西考古工作者在全省各地先後發掘上百座六朝墓，出土大批青瓷器。現將歷年來出土的青瓷器分類統計如下。

· 表7江西六朝墓葬出土青瓷器統計表

出土地點	墓葬數	朝代	出土青瓷種類及數量															
			盆	碟	壺	缽	罐	杯	碗	盂	盤	瓶	硯	燈	灶	壇	其它	小計
于都	1	東吳																1
南昌	1	東吳			2	6	7										3	18
信豐	1	東吳																12
南昌縣	1	東吳				2	10										1	13
南昌繩金塔	1	西晉		3	1	6	8							1			1	20
南昌青雲譜	1	西晉				5	5											10
靖安	1	西晉				2	4											6
瑞昌	1	西晉	2	6	6	2	7	6	6		2			1			28	66
撫州	1	東晉	2															2
靖安	1	東晉																4
瑞昌灣里	2	東晉			5	2				1								8

出土地點	墓葬數	朝代	出土青瓷種類及數輩														
			盆	碟	壺	鉢	罐	杯	碗	盂	盤	瓶	硯	燈	灶	壇	其它	小計
會昌	1	東晉			1	2	2		2									7
興國	1	東晉							2								1	3
新幹	10	晉墓			3	9	9	20	23	2	6			2			5	79
南昌市	3	晉墓	1	2	2	4	3	2	1								3	18
清江（今樟樹市）	7	晉墓			5		9	2	1									17
九江	5	晉墓			4	6	5	3	14	3	1	5					9	50
南康	1	晉墓					2	1			4						1	8
吉安	2	蕭齊				1	1		7	1	30						2	42
贛縣	1	蕭齊																23
寧都	1	蕭梁							2				1					3
永修	1	蕭梁			1	1					1			1	1		3	8
南昌縣	1	南朝			1		2	3	2									9
清江（今樟樹市）	5	南朝			3	2	3	3	5	8	1							25
清江（今樟樹市）	12	南朝			7	5		5	4	8	15	7	1	3	1		5	61
清江（今樟樹市）	17	南朝	2	3	9	2	15	20	15	4	16	5		2	2		3	98
清江（今樟樹市）	20	南朝																114
新幹	5	南朝			4		3	5	2		7	1			1		2	25

出土地點	墓葬數	朝代	出土青瓷種類及數量															
---	---	---	盆	碟	壺	缽	罐	杯	碗	盂	盤	瓶	硯	燈	灶	壇	其它	小計
餘干	1	南朝	2			1	1				2	1						7
南昌蓮塘	1	南朝			2	2	2	3			6							15
南昌梁家渡	2	南朝	5	3			1	3			1	1						14
南昌瀛上	1	南朝				1	1		5									7
南昌京山	1	南朝			3		1			2							1	7
南昌市郊	4	南朝			9	6	4		25	2	1			1	1		2	52
南昌羅家集	1	南朝				1	1	2		4	2				1	1	1	13
贛州	3	南朝				1	1	3	4	3	1							13
靖安	1	南朝				1	6			1							1	9
贛縣	3	南朝				2	3	6	13	4	13				2		2	45
泰和	1	南朝							5		1						2	8
修水	1	南朝			2				1	1	1						9	14
興國	2	南朝	1	1			1										2	5
德安	1	南朝							8		7						9	24
餘干	1	南朝	2			1	1				2	1						7

　　說明：本表內容史料來源：江西省博物館《江西考古資料彙編》，1977 年；《江西歷史文物》、《江西文物》、《南方文物》、《考古》等。

　　根據上表可知，全省各市（縣）共發掘和清理出六朝墓葬

129 座，其中東吳墓 4 座，晉墓 36 座，南朝墓 89 座；出土各類青瓷器共 990 件，其中盤 125 件、罐 129 件、杯 117 件、碗 108 件、壺 76 件、缽 75 件、碟 54 件、瓶 15 件、盂 12 件、燈 11 件、灶 9 件、盆 5 件、硯 3 件、壇 1 件，其他（含爐、蠱、虎子等）96 件，未分類者 154 件。由於有些墓葬在清理時被盜或遭到破壞，墓中文物損毀嚴重，故統計時未予計算，實際數位應大於表格中統計的數位。另外，由於受表格版面的限制，青瓷器分類不細，如罐可分為二系、四系、六系罐、六聯罐、點彩罐等，盤可分為蓮瓣盤、分格盤、五盤盤、耳杯盤、三足爐盤等，壺可分為盤口壺、雞首壺、唾壺等，本表中僅將罐、盤、壺等各歸為一類。對於各朝墓葬發掘和清理的時間也未注明，同一市（縣）在不同時間內發掘出的同一朝代的墓葬及其出土文物儘量放在一起計算，這都是表中的不足，在此特作說明。

從表中看出，三國時期的墓葬不多。但從南昌市東吳高榮墓中出土的青瓷器數量和種類都不算少，該墓隨葬器物共 121 件，其中青瓷器 18 件，約占出土文物總數的 15%；器物種類有罐、缽、盅、壺等，多為灰胎平底，釉色有豆青、蟹殼青，有的釉色泛黃，有的泛綠，器表大多飾弦紋，有的印有麻布紋，壺、罐之類多為扁鼓腹（見插圖）[51]。其造型和釉色在漢代的基礎上推進了一大步，具有承上啟下的風格，為兩晉南北朝青瓷工藝的發展

51　劉林《南昌市東吳高榮墓的發掘》，載《江西歷史文物》1980 年第 1 期。

創造了條件。

兩晉南朝的墓葬幾乎遍佈江西全省各地，已發掘和清理出的墓葬至少在一二○座以上。在出土的器物中，除大量實用器外（詳表中所列），還有各種明器，如堆塑樓闕、人物穀倉、燈、灶、豬圈、雞圈、鴨圈等（見插圖）。兩晉墓葬出土的大量青瓷表明，該時期的江西瓷業技術已普遍成熟，坯泥經過淘洗，質地細膩，胎質潔白，釉色瑩潤，造型規則，文飾典雅，構圖精美，具有明顯的地方色彩，工藝水準較三國時期更進一步。西晉晚期出現了褐斑點彩，開我國瓷器用彩之先河；東晉時，褐斑點彩使用更加普遍。

南朝時期，江西的瓷業已十分發達，青瓷製作技術達到鼎盛階段。其時出土的青瓷器，無論是數量或質最都超過了前代，僅清江縣（現樟樹市）黃金坑發掘出的二十座南朝墓，就出土青究器一一四件，其器物種類繁多，造型優美，品質上乘。

除大量墓葬器物外，在豐城縣境內還發現了一大群青瓷窯址。江西省博物館考古隊曾於一九七八年在半城縣曲江公社羅湖

‧青瓷六系罐（三國東吳，南昌高榮　‧青瓷斂口杯（三國東吳，南昌高
　墓出土）　　　　　　　　　　　　　榮墓出土）

‧褐釉細方格紋四系盤口壺（三國東　‧青瓷雙系罐（三國東吳）
　吳，南昌高榮墓出土）

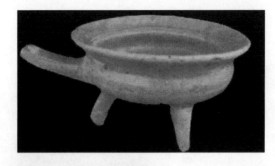

・青瓷把尊
（西晉）

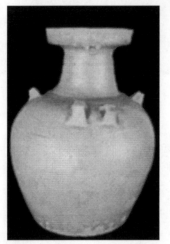

・青瓷鋪首唾壺（西晉）

・青瓷雙系盤口壺（西晉）

・青瓷八系盤口壺（西晉）

・青瓷點彩烏首壺（西晉）

· 青瓷燈（西晉）

· 青瓷辟邪水注（西晉）

· 青瓷蛙形水注（西晉）

· 青瓷五盅盤（西晉）

· 青瓷稟（西晉）

· 青瓷廁所（西晉）

・青瓷雞首壺（東晉）

・水晶球（西晉）

・青瓷供台（南朝）

・青瓷灶（南朝，豐城龍霧洲出土）

大隊發現了漢晉至唐、五代的青瓷古窯址群，窯址分佈範圍廣，規模大，占地面積約三萬平方米，廢品堆積層有厚達五六米的，足見窯業之發達。豐城在唐代屬洪州，專家們據此肯定，這裡的唐代窯址就是文獻記載的洪州窯，而漢晉時期的窯場則是洪州窯的前身。早期洪州窯生產的青瓷器已達到很高的工藝水準。

一九八六年十一月，江西豐城縣榮塘鄉於一古墓中發現一件大型長鼓舞人青瓷博山爐，該爐由託盤、爐身、爐蓋三部分組成，通高三十四點三釐米；託盤為圓形，直徑二十二釐米，底部有一直徑為五釐米的圓孔。爐身固定在託盤上，下半部為圓形束腰支筒，支筒周邊捏塑三個身背長鼓的舞人，頭戴尖帽，身著長衫，腰間兩手正反抱一束長鼓，作擊鼓起舞狀。爐身上半部呈鉢狀。爐蓋由二十三個片狀山峰環繞而成，其中十五個山峰頂端分別站著展翅欲飛的小鳥，小鳥形態各異。爐蓋與爐身相扣處有爐門，爐門兩側分別站立侍男侍女，爐門上端堆塑一銅錢狀花朵，花朵上部堆飾飛鳥一隻。爐頂設有一四方頂小亭，四角上翹，頂部飛鳥站立，小亭門戶相通，前門外兩側各站一人，後門口一人

· 青瓷蓮瓣紋盤托碗（南朝）

· 青瓷托杯（南朝）

手持雙饒，亭內一人粘貼於內壁之上，此人雙手合掌，作禮拜狀。整個博山爐外表施青釉，釉面晶瑩，青中顯黃，爐蓋內外滿釉。從該爐造型特徵分析，當屬東晉之物，是洪州窯的早期產品。這件博山爐結構複雜，組合勻稱，造型別致，裝飾奇特，設計精巧，做工細膩，可謂匠心別具，是洪州窯的代表之作[52]。該爐現藏豐城市博物館。

繼羅湖窯發現之後，我省考古工作者又順羅湖區域丘陵、水系，沿贛江岸作了更廣泛的調查和考察。一九七八年十一月，在羅湖區江岸下游的龍湖洲渡口，發現了另一較大規模的窯址，稱為「龍湖洲窯址」。這裡窯群集中，面貌保持較完好。在該窯口先後採集了豐富的青瓷標本，產品種類繁多，有壺、罐、缽、碗、蠱、盞、盤等生活用具，有硯、盂等文物用具，還有果盤、燈、爐、灶等冥器，器物均與羅湖窯發掘中前期東晉、南朝青瓷產品相接近，所以可以判斷它是與羅湖窯並存的另一東晉至南朝時期主燒的中心窯場[53]。一九八三年，豐城縣文物普查隊在豐城故縣址附近的港塘大隊又發現了一群漢、晉、南北朝時期的青瓷窯址。古窯群全長約三華里，寬半華里，占地面積約七點五萬平方米。從採集和徵集的出土標本來看，此窯內涵十分豐富，出土的典型產品有東漢至兩晉時期的醬褐釉平底釜，斜方格形、麻布

52 豐城市博物館呂遇春、熊友俊《豐城出土長鼓舞人青瓷博山爐》，載《江西文物》1989 年第 1 期。
53 萬良田、萬德強《江西豐城東晉、南朝窯址及匣缽裝燒工藝》，載《江西文物》1989 年第 3 期。

紋的青瓷罐、盆、壺、缽等；南北朝時期的冰裂紋青綠、米黃釉的壺、碗、杯、碟等。在河堤旁有一座龍窯殘址暴露地面，窯床規模、結構和殘剩瓷片也都具有漢代風格和特點。這群窯址的發現是豐城縣繼唐代洪州窯之後的又一重要發現[54]。這批窯址群的發現，充分證明江西六朝墓葬中出土的大量青瓷器都是本地生產的。

　　浮梁縣景德鎮的制瓷業，在六朝時已有相當的影響。景德鎮因地處昌江南岸，原名昌南鎮。東晉陶侃曾在此擒江東「寇」，遂改名為新平鎮。唐初將鎮置新平縣，隸屬饒州。後因昌江經常洪水氾濫，居民多伐木以為浮梁，至天寶元年(742 年）更名浮梁縣。北宋真宗景德年間(1004-1007 年），正式更名景德鎮，屬浮梁縣。舊時景德鎮與廣東佛山、湖北漢口、河南朱仙鎮並稱同內四大鎮。景德鎮有優質的制究原料，有便於燒瓷的大量松柴，有較為便利的水路交通，是發展陶瓷業的理想場所。早在商周時代，景德鎮就開始燒造陶瓷，經兩漢、六朝數百年的發展，至陳朝時，景德鎮的陶瓷製作已蜚聲中華。清人蘭浦《景德鎮陶錄》中說：「瓷鎮自陳以來名天下。」唐初，景德鎮生產的瓷器細膩質薄，晶瑩如玉，有假玉器之稱，唐高祖下詔「製器進御」成為皇室御用之物，並開始傳到國外。至北宋景德年間，景德鎮遂成為中國青白瓷窯系的代表性窯址。

54　萬德強《豐城縣新發現青瓷窯址》，載《江西歷史文物》1983 年第 4 期。

七　日具規模的製磚業

六朝時期盛行磚室墓葬，其重要原因之一是由於生產力水準的日益提高，製磚技術日益成熟，各類磚窯不斷出現，磚的產量和種類大量增加，使得用磚砌墓成為可能。迄今為止，除極個別土坑墓外，絕大部分六朝墓均是用各種形式的青磚砌成，另有少量的紅磚。

在江西境內發掘出的大批六朝墓葬中，99%都是磚墓，一些墓葬規模甚大，用磚量可觀。如 1979 年 6 月下旬，江西省博物館考古隊在南昌市發掘的東吳高榮墓，有甬道和前後兩室，總長 6.18 米；前室左右各有一對稱的耳室，墓門內接單券頂，短甬道，甬道長 1.55 米、寬 1.2 米、高 1.2 米。甬道後接前室，前室為橫堂式，雙層券頂，橫長為 2.84 米、進深 1.35 米、高 2.2 米。前、後、左、右、正中各有一相同的耳室，長 1.9 米、寬 0.6 米、高 0.65 米，單層券頂。前、後室的右側還有一節用磚砌的短腰牆，牆橫長 0.36 米、寬 0.18 米、高 0.56 米。後室為雙層券頂，長 3.25 米、寬 1.68 米、高 1.45 米。墓室底部為同一水平面，鋪地磚呈人字形交錯平鋪。全墓用青灰磚砌築而成。該墓的時代應在東吳前期，高榮的身份雖不能確知，但起碼是個封建貴族。要建造這樣一座大型磚墓，沒有數千乃至上萬塊磚是無法完成的。而且該墓用磚種類及裝飾都很講究，如墓底皆用長方形磚平鋪，墓頂用刀形磚券頂，墓壁用花紋磚平鋪直砌。刀形磚和方形磚長、寬相等，背厚 0.06 米，口厚 0.04 米；磚側及頭部均印有網錢紋或對角幾何形紋，網錢紋和對角幾何形紋磚相間交

錯[55]。由此看出，江西地區在東吳前期的製磚技術已達到較高的工藝水準。

至於一般磚室墓葬也都有一定規模，用磚量也不少。如1974年5月間，在南昌市西湖區上窯灣老福山清理了一座晉墓。該墓系券頂磚室，平面呈凸字形。全墓分甬道、前室、後室3部分。甬道寬1.19米、長1.12米，前室寬1.8米、長2.13米，後室寬1.8米、長4.03米。墓壁為單磚直鋪錯紋疊砌，左右兩壁從1.1米高處起券。前室前端與後室後壁交接處各砌一券拱。在前後室交接的券拱處，墓底再縱橫相間順放疊砌4層磚，高0.24米，把前、後室分成兩段。後壁中央砌一磚柱，直連券拱。封門為順磚平砌。前室前端兩角起券處各砌出一長0.5米、寬0.13米的燈檯。墓磚有方形、刀形、櫻形等，磚側印有對角幾何紋、網紋、網線紋等17種不同紋飾[56]。在各地發掘出的上百座南朝墓中，其規模和形式與南昌老福山晉墓大同小異。

查閱江西省博物館館藏的豐富考古資料，得知江西境內絕大部分六朝墓均是由長方形、刀形、楔形等多種形式的青磚砌成。長方形磚一般用於砌四周墓壁、祭台、棺床和鋪地及封閉墓門等；刀形、楔形磚多用於甬道和墓內頂部的起券、結頂等。在這些墓磚中，往往飾有不同時期的繩形紋、放射狀線紋、斜方格幾何紋、對角幾何紋、網紋、網線紋、蓮花紋等多種紋飾。此外，

55　《南昌市東吳高榮墓的發掘》，載《江西歷史文物》1980年第1期
56　江西省博物館《江西南昌晉墓》，載《考古》1974年第6期。

在墓磚上還常常能看到一些模印或刻劃的文字，少則一字，多則數十字，被稱作銘文磚。如一九六五年五月，在江西撫州鎮發現的一座東晉墓中，磚側刻有「永和四年六月壬子朔廿二日癸酉立」和「薛令馨周大夫塚故記」，文字多達二十四字[57]。磚的銘文以模印文字占大宗，陽文突起，大多出現於磚側或磚端，字體排列隨意，不拘一格。也有少數模印於磚面。文字有隸、楷、行、篆等書體，較多的是介於楷、隸之間。陰刻文字較為少見，一般都刻於磚面，字體以行書居多，隨意刻劃。銘文磚多用於紀年墓，據不完全統計，幾乎六朝各個時期都有此類磚存在。一般說來，朝代延續的時間越長，其紀年磚就相應也多。東吳時期主要有「太平」、「甘露」、「鳳凰」、「天冊」、「天璽」等紀年，西晉有「太康」、「元康」、「永嘉」等紀年。東晉延續的時間長，紀年磚頻繁出土，其中以「太元」、「太和」、「永和」、「咸康」等紀年磚最為集中。南朝時期，紀年磚的數量明顯減少，而一些特殊類的文字磚數量大增[58]。

至於建造房屋、修築道路橋樑等，所用磚的數量必然更大。如果沒有一定規模的製磚手工業，則是難以做到的。關於該時期江西地區的房屋建造情況，因無實物遺存和史料可據，難知其詳情。不過，我們可以從當時的一些大型墓葬管窺其一二。

---

57 江西省文管會余家棟《江西撫州發現東晉墓》，載《考古》1966 年第 1 期。

58 參閱華國榮《六朝墓文字磚的歸類分析》，載《南方文物》1997 年第 4 期。

1991 年 9 月，省文物考古工作者發掘清理了一座吉水晉代磚室墓。該墓葬封土高 10 米，南北線長 30 米，東西線長 30 米，總占地 900 餘平方米。墓葬平面呈凸字型，墓室為青灰色網線放花紋磚於平地壘砌而成，猶如一座地面建築。全墓由墓門、甬道、前室、後室、右耳室、左耳室、右回廊、左回廊、後回廊、右藻井、左藻井組成。

　　墓室東西長 15.65 米，南北長 17.58 米，面積 274.80 米。門座由青灰色條石建成，鑿有平行條狀紋飾，長 2.40 米，寬 0.40 米，厚 0.40 米。甬道殘高 0.50 米，長 2.80 米，寬 2.40 米，墓壁、券頂皆毀。

　　前室平面呈八邊鋸齒型，其正東、西、南、北四面分別為甬道、左右耳室、後室的入口，向裡通至各室。其他四面為鋸齒磚柱向上延伸。前室東西長 3.2 米、南北長 3.48 米，左耳室與後室之間殘存墓壁高約 3.00 米、寬 2.00 米，墓壁斷碎，結構模糊。其他三面墓壁僅存 0.50 米。前室遭毀最為嚴重，其頂部結構，根據考古資料推斷，應為「四隅券進式」穹隆頂。

　　前室與後室之間，有甬道相連。甬道長 1.47 米，寬 1.70 米，高 3.42 米，券頂。後室平面呈方形，東西長 3.95 米，南北長 3.67 米，高 3.50 米，墓室為青灰色大型條石壘砌而成。

　　前室左右，各延砌左右耳室，形成右庖廚、左倉房。左耳室長 7.34 米，寬 3.12 米，高 3.42 米，券頂，券門磚柱。券門通高 2.77 米，寬 1.74 米，磚柱高 1.58 米，寬 0.34 米。左右耳室形制相同，券頂被毀，留殘壁高 1.45 米。

　　左右耳室與前室之間，向後砌左右回廊。左右回廊形制相

同，長 7.32 米，寬 2.49 米，高 1.83 米。券頂、三道券門將回廊分為相等的兩部分。券門高 1.48 米，寬 1.49 米，券頂為楔形磚豎砌而成。左右回廊延伸，分別設左右藻井。藻井呈方形，東西長 2.17 米，南北長 2.17 米，高 3.17 米，為四隅券進式穹隆頂。左右藻井相互對稱，形制相同。兩藻井之間，各設一券門與後回廊相通，券門結構與左右回廊券門相似。後回廊長 5.98 米，寬 2.53 米，高 1.83 米，中間設券門一道。整個回廊呈「﹈」形合抱主室。

墓室磚的規格較統一，分長方形平磚和楔形磚兩種。平磚長 35-36 釐米，寬 11-12 釐米，厚 5-7 釐米，主要用於壘砌墓壁和鋪地。墓壁壘砌，採用平磚錯縫丁砌。鋪地磚 1-2 層，甬道、前室、左右耳室呈「人」字形排列，回廊、左右藻井為橫列錯縫平鋪。平磚少數側面書有「吉」、「大吉」楷書字樣，佈局任意。楔形磚分兩種，一為刀形磚，一為斧頭形磚。刀形磚主要用于起窮時壘砌，斧頭形磚用於券頂，壘砌時印花紋皆向內。

該墓結構，形似漢晉時期大地主莊園的樓閣。前室、左右兩側藻井式穹隆頂，是大地主莊園「塢堡」式四角碉樓的寫照。整個墓葬形制奇特，結構複雜，規模宏大，壘砌精緻，推斷墓主生前不僅經濟實力雄厚，而且具有較高的政治地位。建造這樣一座大型樓閣，用磚數量之多可想而知[59]。

一九七二年十一月間，發掘出的瑞昌馬頭西晉墓，也是一座

59　李希朗《江西吉水晉代磚室墓》，原載《南方文物》1994 年第 3 期。

類似大地主莊園式的建築，只是規模不如吉水晉墓那樣大。

八　逐步崛起的礦冶業

六朝時期的江西礦冶業也迅速發展起來，各種礦產資源相繼得到開發和利用。

江西境內山川秀麗，藏金匿寶，礦產豐富，據《太平寰宇記》、江西方志等史書記載，鄱陽產金、銀、珍珠。王隱《晉書‧地道記》云：「鄱陽樂安出黃金，鑿土十餘丈，披沙之中，所得者大如豆，小如粟米。」這是開採沙金礦。陳太建十三年(581)，改樂安縣名為銀城縣，說明樂安縣的銀礦儲量較為豐富，並已經得到開采。德興縣有銀山，出銀及銅；鉛山縣出銅、鉛、青碌；臨川縣西「有峨峰山，出銅，因號銅山」；贛縣有上洛山，山「有石墨，可書」；「瑞金縣，本淘金場，淘金之地也」[60]；樂平縣有汰金洲，出敖金；撫州金溪場，其山出銀礦。豐城、高安產石炭、燃石。《太平御覽》卷八七一《火部四‧炭》引雷次宗《豫章記》云：「豐城縣葛鄉有石炭二○○頃，可燃以炊爨。」石炭就是煤，豐城葛鄉有石炭二百頃，說明煤的儲量很豐富。然而，晉代張僧鑒所撰《豫章記》，對此事的記載卻有較大出入，其書稱：「（建城）縣有葛鄉，有石炭二頃，可燃以爨。」在這裡，豐城縣變成了建城縣，「二百頃」變成了「二頃」。張僧鑒是南陽人，對江西的物產民情顯然不如本地人雷次

宗那樣瞭解，其所載必定有誤。張氏的這條史料曾被唐代李賢等入注釋於《後漢書‧郡國志四》豫章郡條。李賢等人的注，側重字句的銓釋。由於參加作注的人較多，又沒有仔細校訂，所以有許多錯誤。但是，這條注釋卻說明，至遲在東漢時，豐城葛鄉一帶已生產煤，六朝時煤的開採規模必定有所擴大。煤不僅可以用來炊煮食物，同時也為冶煉銅鐵提供了優質燃料。《水經注》卷三九《贛水》條載：「（贛水）又北過南昌縣西。……又有濁水注之。……濁水又東經建成（今高安）縣……縣出燃石。《異物志》曰：石色黃白而理疏，以水灌之便熱；以鼎著其上，炊足以熟。置之則冷，灌之則熱，如此無窮。（晉）元康中，雷孔章（煥）入洛，齎之以示張公（即張華）。張公曰：此謂燃石。於是乃知其名。」《六朝筆記小說大觀‧異苑》卷二《燃石》條所載與此大致相同，只是地點有異，將建成說成豫章，大約建成與豫章都生產燃石。這些礦產，大體在六朝時均被發現，部分得到開採和利用。

江西的冶銅業源遠流長，遠在商周時期，江西的先民們就與中原人民一道，共同創造出燦爛的青銅文化。吳城商代遺址前後經過十次考古發掘，發現了城牆、祭祀場所、房址、窯址等眾多遺物，出土了石器、陶器、青銅器和鑄造青銅器的石範等文化遺物四○○○餘件。證明吳城是與商王朝處於同一社會發展階段的方國，吳城文化是江南青銅文化的重要代表。

一九八八年春，江西瑞昌縣銅嶺發現一處頗具規模的殷周銅礦開採冶煉遺址，這是目前我國發現的開採歷史最早、延續時間最長、出土文物最全的礦冶遺址。

一九八九年九月，新幹大洋洲商代大墓的驚人考古發現，更是震動全世界。大墓出土文物千餘件，其中青銅器四七五件，分為禮器、樂器、兵器、藝術品和生活雜器六大類，其數量之大、品類之多、造型之奇特、紋飾之精美、鑄工之精巧，不僅為江南之冠，也為全國所罕見[61]。

·「湛千鈞」銅印（西晉）

據省博物館統計，江西各地發現的青銅文化遺址，總數達千餘處。六朝前，江西的銅冶業尚如此發達；六朝時，其開採利用範圍當更廣。上世紀五〇年代以來，在江西境內發掘的大批六朝墓葬中，出土遺物便包括各種銅器，如銅鏡、銅爐、銅洗、銅釜、銅博山爐、銅鼎、銅罐、銅鍋、銅匙、銅釵、銅勺、銅盆、銅熨斗等。在南昌市西湖區老福山晉墓中，還出土了一方銅印，印面呈正方形，長方鈕，鈕上有一穿孔；篆體，陰文。鈕頂端刻一行計二字，文曰「白記」。印的正面刻一行計三字，文曰「湛千鈞」（見插圖）。其餘四側面皆刻有文字，按時針方向：「臣千鈞」、「湛邵南」、「湛千鈞言

61 上述考古發現可詳見孫家驊、詹開遜主編《手鏟下的文明——江西重大考古發現》一書，江西人民出版社，2004。

事」、「湛千鈐白淺」。印長二點二釐米，寬二點二釐米，厚二點二釐米，鈕高一點四釐米[62]。看來這是一方私人印章，男姓墓主姓湛名千鈐，邵南應是他的字型大小。六朝時，豫章郡有熊、羅、雷、湛、章五大姓，《姓氏尋覆》稱：「湛氏以地為氏者，望出豫章、新淦。」可見湛千鈐乃是當時豫章的一地主豪強。印章上刻了那麼多文字，主人應是一位很有知識的讀書人，既自稱「臣」，並應任有官職。從這些出土文物可以看出，當時江西民間在生產、生活及文化等方面都廣泛地使用銅器，同時也證明了六朝時期江西冶銅業之發達。

至於鐵礦之開採冶煉和鐵器之使用更是相當普遍，這同樣可從江西境內六朝墓葬中出土的大量鐵製農、工具和日常生活用具以資證明。一九七九年六月，贛州博物館在大余縣城二十千米處的二塘小學校內清理三座南朝古墓，遺物中有鐵製農具，如裝有木柄的帶齒鐵鐮、鐵工具有鐵鑿、鐵刀及生活用具鐵鼎等[63]。在其他六朝墓葬中，也發現不少的鐵工具。《豫章記》說：「金鐵筱簜，資給於四境。」這也是對當時江西礦冶業的進步和發展的最好概括和總結。

九　發展中的金銀器加工業

如上所述，由於江西許多地方蘊藏著較豐富的金銀礦，並逐

62　《江西省南昌晉墓》，原載《考古》1974 年第 6 期。
63　《大余二塘南朝墓葬調查》，載《江西歷史文物》1980 年第 3 期。

步得到開採，隨著社會的需要和人們生活水準的提高，金銀器加工業也隨之發展起來。

考古證明，六朝時期的江西工匠心靈手巧，能打造各種金銀首飾及生活用具，如金髮釵、金手鐲、金圈飾、金帽花飾、金挖耳、金環、銀環、銀髮釵、銀手鐲、銀頂針、鎏金銀髮簪、銀壺、銀小刀等。許多貴族官僚和豪強地主家庭，使用金銀器的情況甚為普遍。金銀首飾更是貴族婦女們的青睞之物。南昌市東吳高榮墓出土的大量遺物中，就有相當數量的金銀器，包括金圈 3 件，共重 28.5 克；金髮釵 5 件，總重 48 克；金挖耳 1 件，重 9 克；金帽花飾 10 件，另加小菱形穿孔珠 1 件，總重 1 克。此外還有銀髮釵 2 件，銀壺、銀小刀各 1 件。首飾中的金帽花飾製作精緻，達到較高的工藝水準，其 3 件桃形箔片上有凸起的猴首人身圖案；編鐘形箔片 7 件，其中小者 5 片，上凸印有「大吉」二字；大者 2 件，中部隆起似宮燈狀，周圍有凸印的蔓草紋。銀小刀形似短劍，兩面刃，刀有把手，外有套子，製作也很講究[64]。高榮的身份不清楚，但從墓室結構及隨葬品之豐富來看，其為封建貴族無疑，遺物中有如此多的金銀器，反映了封建貴族奢侈豪華的生活。

一九七二年十一月間，在瑞昌馬頭西晉墓中[65]，出土金銀器共 13 件，大都完整無損，其中金戒指 3 件，內 1 件局部扁平，

64 劉林《南昌市東吳高榮墓的發掘》，載《江西歷史文物》1980 年第 1 期。

65 江西省博物館《江西瑞昌馬頭晉墓》，載《考古》1974 年第 1 期。

原鑲有珠，現已失，直徑 2 釐米；另 2 件壓有圓點紋直徑 1.8 釐米。金小環 4 件，圓邊，二粗二細，直徑 1.7-2 釐米。金手鐲 4 件，圓邊，二粗二細，直徑六點二至六點五釐米。金髮釵 1 件，長 19 釐米。銀鐲 1 件，已殘。

一九七四年三月和五月，在南昌市東湖區永外正街和西湖區老福山發掘的兩座晉墓（分別以 M1、M2 墓相標識）中，也出土了一定數量的金銀器。M1 墓出土金圈飾 1 件，重 1.7 克；銀髮釵 2 件，形制相同，呈馬鞍形，上端為菱形，下端帶鉤；銀頂針 1 枚，圓形，寬邊，外表面佈滿凸點圓。M2 墓出土金圈飾 3 件，重 0.5-1 克；金手鐲 4 件，形制大小均同，唯紋飾有別。二件外邊飾圓圈，橫線條紋，重 17.2 克；另兩件外邊為單一橫線條紋飾，重 23.8 克。金飾物 1 件，圓形，製作精緻，圈內鏤雕雙鳳和水波紋樣；鎏金銀髮簪 1 件，簪上端為彎刀形，下端呈錐尖狀；簪上附一圓餅形飾，其背面有一小鈕，鈕中間有一小孔，簪直插小孔內，並能上下移動；圓餅形飾背面還刻有同心圓及連弧紋飾，共重 7 克。

根據 M1 合葬墓出土的木簡文字記載，得知男性墓主為吳應，字子遠，豫章郡南昌縣都鄉吉陽里人，曾任「中郎」官職，魏晉以來謂「中郎」為「從事中郎」。M2 男棺中出土了一方銅印，墓主就是上文中提到的湛千鈞，也任過官，從其墓室規模和隨葬器物推斷，當和吳應的官階相距不遠。兩晉南北朝時期，從事中郎是諸公府及將軍府中的高級掾屬，秩比千石，居六品，約同縣令，職位並不算高。一個六品官的隨葬器物中竟有許多金銀首飾，說明他們生前所使用的金銀製品應更多。而當時比吳應、

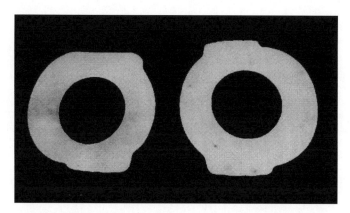

・玉佩（南朝）

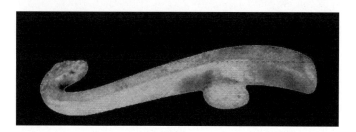

・玉帶鉤（南朝）

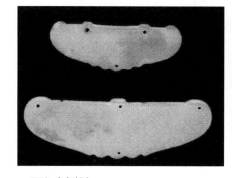

・玉珩（南朝）

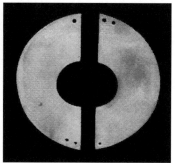

・玉璜（南朝）

湛千鈞官職高的江西人士大有人在，他們所擁有的金銀器物就更加難以估算了，如東晉太尉陶侃，「家僮千餘，珍奇寶貨富於天府」。像這樣的高官顯宦家庭，大量使用各種金銀首飾及器物應是很平常的事。

另在撫州鎮東晉墓以及其他一些墓葬中也發現少量金銀器，基本為金銀首飾。由於金銀器是高檔奢侈消費品，只有貴族官僚和地主豪強才有條件享受，一般民眾是不可企望的，故在江西出土的大批六朝墓葬中，發現有金銀器物的僅是少數墓葬。

從東吳高榮等墓葬中出土的金銀首飾及生活用具來看，種類甚多，並具有較高的工藝水準。由於江西地區有較豐富的金銀礦產資源的優越條件，並逐步得到開採利用，故金銀器的使用較為普遍。以此推斷，這些金銀器主要應是江西本地工匠打造的，反映六朝時期江西金銀器加工業的發展和進步。

此外，玉器加工業也取得了一定的成就。如在南朝墓中出土的玉璜、玉珩、玉佩、玉帶鉤等玲瓏剔透，製作精美，達到相當的工藝水準（見插圖）。

第四節 ▶ 商業與城市

一　日趨活躍的商業

農業的發展和手工業的進步，帶來了商業的逐步繁榮。六朝時期，江西地區的商業出現了日趨活躍的勢頭。

整個魏晉南北朝時期，從總體說來，商業是不夠發達的。但

東晉南朝所在的南方，沒有北方社會那樣經久不息的戰亂和長期的分裂割據，因而商業比北方要發達些。其時，貴族、官僚多兼營商業，「或使創辟田園，又欲舳艫運致，亦令貨殖聚斂」[66]，通過經營商業聚斂財富是一種普遍的現象。甚至南朝的一些皇帝也在宮中學做生意，如宋少帝劉義符，「於華林園為列肆，親自酤賣」[67]。齊東昏侯蕭寶卷，「於苑中立市，太官每旦進酒肉雜肴，使宮人屠酤，（貴妃）潘氏為市令，帝為市魁，執罰；爭者，就潘氏判決」[68]。由於貴族、官僚普遍經商和少數帝王的經商行為，從而帶動了民間的商業活動。加之南朝政府「仍玲崇關廛之稅」，即通過徵收商稅來增加財政收入，也在一定程度上沖淡了歧視商業的心理，客觀上促進了商業的發展。

東晉南朝從事商業的人數很多，史稱：「晉自過江……人競商販，不為田業。」[69]晉元帝時，後軍將軍應詹上表朝廷說：「下及工商流寓僮僕不親農桑而遊食者，以十萬計。」[70]梁代沈約則說：「商子事逸，末業流而浸廣。……於是競收罕至之珍，遠蓄未名之貨，明珠翠羽，無足而馳，絲罽文犀，飛不待翼。天下蕩蕩，咸以棄本為事。」[71]說明南朝向權貴們供應奢侈品的販運性商業頗為發達。郭祖深在給梁武帝的奏書中也說：「今商旅轉

66　《梁書》卷二五《徐勉傳》，第 384 頁。
67　《宋書》卷四《少帝紀》，第 66 頁。
68　《南齊書》卷七《東昏侯紀》，第 104 頁。
69　《隋書》卷二四《食貨志》，第 689 頁。
70　《晉書》卷二六《食貨志》，第 791 頁。
71　《宋書》卷五六《孔琳之傳》史臣後論，第 1565 頁。

繁，遊食轉眾，耕夫日少，杼軸空虛。」[72]

六朝江西地區有著發展商業的優越條件。境內水路四達，交通便捷，贛江南通廣州，北連長江，經濟較發達的城市大多濱江。加之六朝時期江西的社會經濟有了長足的發展和進步，在相對穩定的社會環境中，商業日趨活躍。

東晉南朝之江州治所，或豫章（今南昌），或尋陽（今九江），這裏人口稠密，經濟發達，水路便捷，既是政治、軍事重鎮，又是重要的商業都會。

豫章自建城以來，贛江中行船如梭，繁忙異常。位於郡城西南濱江的南浦亭（在後來的橋步門外），就是當時的泊舟之所，凡南來北往之商賈、行人，都在此靠岸登船。當時詩文中多以南浦泛指送別之地，如江淹《別賦》寫道：「春草碧色，春水碧波，送君南浦，傷如之何？」豫章城又是贛江航道上的交通樞紐，當時由建康經贛江通廣州的往返船隻必經豫章，許多中外使者、高僧、商客以及貨物都在此中轉，或登岸歇息，或積貨販賣。因此，豫章的商業氣息極為濃厚。《隋書‧地理志下》記載說：「豫章之俗，頗同吳中，其君子善居室，小人勤耕稼。衣冠之人，多有數婦，暴面市廛，競分銖以給其夫。……鄱陽、九江、臨川、南康、宜春，其俗又頗同豫章。」既然婦女都是「暴面市廛」，積極從事商業經營，且遍及各郡，其商業發展勢頭固非昔日可比。

72　《南史》卷七〇《郭祖深傳》，第 1720 頁。

宋明帝泰始七年（471年），豫章賊張鳳聚眾於康樂山（今南昌附近），斷絕贛江，進行劫抄，遭張鳳搶劫的多數是來往於贛江上的商船。這夥強盜給豫章的商貿帶來很大危害，宋明帝多次派軍清剿，連年不能擒獲，後遣大將周山圖進行討伐。周山圖設計，先將兵士埋伏於贛江水側，然後引誘張鳳一夥出山，以迅雷不及掩耳之勢擊斬張鳳，其手下百餘人束手投降。

尋陽濱臨長江，不僅是戰略要地，而且是重要的商業都會。晉《地道志》稱：「尋陽南開六道，途通五嶺，北導長江，遠行漢岷，來商納賈，亦一都會也。歷宋、齊、梁、陳，郡與州並理，彈壓九派，襟帶上流，自晉以來，頗為重鎮。」[73]三國自給自足的自然經濟雖然占主導地位，但長江上的商貿活動並沒有停止。本書第一章第三節所敘東吳呂蒙「白衣渡江」是有名的歷史故事。這一故事說明，當時在長江上經商是很平常的事，所以關羽所置江邊屯侯對過往商船不會留意，從而大上其當。呂蒙之所以選擇從尋陽「白衣渡江」，說明尋陽常常聚集著許多商人，商業發達。東吳後期，許多吏民和將士不願屯田，都去緣江經商。為此，吳主孫休下詔說：「自頃年以來，州郡吏民及諸營兵，多違此業，皆浮船長江，賈作上下，良田漸廢，見穀日少，欲求大定，豈可得哉？」東吳在尋陽一帶大興屯田，這裏的屯田將士必有不少人參與商業經營。

東晉南朝與西北諸國的交往，依賴於東西陸路交通的開闢。

73　《太平寰宇記》卷———・江州條注引《地道記》。

孫吳時期，西部之益州為蜀漢所據，故西北諸國無法從陸路上與之交往，只能靠水道進行，如大秦商人秦論就是從海路繞道而至建康的，史稱通大秦「前世但論有水道，不知有陸道」[74]。直到東晉時，江左通西北的陸路才得以開通。當時，江左與西北諸國的陸路交通，主要有東西兩條路線：一條是益州──岷山──河南道（即取道吐谷渾至西域的路線），稱西路；另一條是雍州──梁州──涼州道，稱東路。東路是相對西路而言的。但無論東路或西路，都要經過長江航道，而尋陽則是必經之地，是航道上的交通樞紐，故東晉南朝長江上的貢使、商船絡繹不絕。兩晉之際，陶侃出任武昌太守，「時天下饑荒，山夷多斷江劫掠。侃令諸將詐作商船以誘之」[75]。生擒數人原來是西陽王司馬羕的左右。東晉末，桓玄佔領江州，準備攻取建康，他下令遏斷江路，「商旅遂絕。於是公私匱乏，士卒唯給杼橡」[76]。

東晉南朝的志怪小說中，也記載了不少賈客在尋陽一帶活動的情景。如干寶《搜神記》卷四《宮亭湖》條載：

宮亭湖孤石廟，嘗有估客至都，經其廟下，見二女子云：「可為買兩量絲履，自相厚報。」估客至都，市好絲履，並箱盛之，自市書刀亦內箱中。既還，以箱及香置廟中而去，忘取書

74　《三國志》卷三〇《魏書・烏丸鮮卑東夷傳》注引《魏略・西戎傳》，第 861 頁。

75　《晉書》卷六六《陶侃傳》，第 1770 頁。

76　《晉書》卷六四《簡文三子傳》，第 1739 頁。

刀。至河中流，忽有鯉魚跳入船內，破魚腹得書刀焉。

這大約是一位經常往返於尋陽至建康之間的客商，因為與宮亭湖（今星子縣境）一帶的顧客較熟，所以才發生二女子托他去建康代購絲鞋的事。這本是一件極平常的事情，卻被干寶加以神化了。

又同書《青紅君》條載：

廣陵歐明，從賈客道經彭澤湖，每以舟中所有多少投湖中，云以為禮。積數年。後複過，忽見湖中有大道，上多風塵；有數吏，乘車馬來候明，云是青紅君使要。須臾達，見有府舍，門下吏卒。明甚怖。吏曰：「無可怖。青紅君感君前後有禮，故要君。必有重遺君者，君勿取，獨求如願爾。」明既見青紅君，乃求如願。如願者，青紅君婢也。明將歸，所願則得。數年，大富。**77**

這裏講的是廣陵人歐明跟隨賈客，道經彭澤湖（今鄱陽湖）而遇神仙青紅君的故事。歐明跟隨賈客達數年之久，說明此賈客常年在江州境內經商，歐明大約也是一位學做買賣的商人，可能經營有道，加上運氣好，後來娶了妻，發了財，成為大富翁。如

77　載《漢魏六朝筆記小說大觀》，第 307 頁。

果剔除故事中的神話成分，則可看出東晉時的尋陽一帶商賈雲集、商業繁榮的景象。

劉宋劉敬宣《異苑》卷五《宮亭湖廟》條也記載說：

宮亭湖廟神，甚有靈驗。商旅經過，若有禱請，則一時能使湖中分風，沿溯皆舉帆，利涉無虞。

此故事則說明鄱陽湖是江州等地商賈入長江，或外地商賈至江州經商的必經之道。因為湖大浪急，行船很不安全，人們相信迷信，只好乞靈於宮亭湖廟神，以求平安。

商業的發展離不開交易市場。六朝江西地區日趨活躍的商業貿易活動，使州、郡、縣城郊及津埠渡口等交通樞紐之處，形成了許多大大小小的各類集貿市場。見於史籍記載的有糧市、魚市、果品市等。

東晉南朝因受戰亂破壞較少，社會經濟有了長足的進步，至南朝時，市場趨於繁盛。《宋書·良吏傳序》稱：宋元嘉中，「凡百戶之鄉，有市之邑，歌謠舞蹈，觸處成群。」《南齊書·良政傳序》也說：齊永明中，「十許年中，百姓無雞鳴犬吠之警，都邑之盛，士女富逸……蓋以百數。」尤其是南朝的糧食市場呈現出十分活躍的景象。史稱「從江以南，千斛為貨」，「萬斛為市」[78]。糧食貿易以千斛、萬斛來計算，說明這時糧食交換的規

---

78 《宋書》卷八二《周朗傳》，第 2093 頁；卷五六史臣曰，第 1565 頁。

模有了很大的提高。南朝政權還對糧食實行「和市」政策，即由官府出面賤糴貴糶，以調劑豐歉，平抑糧價。「和市」則是通過各地的糧食市場進行的。齊武帝永明年間（483-492 年），由於糧食普遍豐收，天下米穀布帛至賤，於是蕭齊政權決定大量收購糧食，以建立常平倉，儲藏糧食。永明六年（488 年），「詔出上庫錢五千萬，於京師市米」及其他物資。各州出數量不等的錢，於當地購進糧食等物，其中江州出錢五百萬，「市米、胡麻」[79]，說明江州各郡縣存在相當規模的糧食市場。

江西境內河湖密佈，水道縱橫，盛產各種淡水魚類，漁業生產發達，魚市在在皆有。如陳文帝時，周迪兵敗逃入山中，「後遣人潛出臨川郡市魚鮭」[80]，說明臨川郡治有魚市。宋無名氏《淳祐江州圖經志》，在敘述尋陽城的歷史沿革時，引王逢原詩曰：「江城酒熟賤買醉，江人提魚不到市。半道得錢相和歌，翁倒子扶相枕睡。」很顯然，尋陽也早有魚市。江西地區漁業資源豐富，捕撈業較為發達，魚市遍佈城鄉各地應無問題。

江西各地出產柑、橘、橙、柚、桃、李、杏、栗、楊梅、枇杷等水果，果品市場也隨處可見。葛洪《神仙傳》載：三國東吳董奉隱居廬山，「為人治病，不取錢。重病得愈者，使種杏五株；輕病癒，為栽一株。數年之中，杏有十數萬株，鬱鬱然成林。其杏子熟，於林中所在作倉。宣語買杏者：『不須來報，但

79　《通典》卷一二《食貨典・輕重》，第 288 頁。
80　《陳書》卷三五《周迪傳》，第 483 頁。

自取之，具一器穀，便得一器杏。』」傳說董奉後來在此修煉成仙，因稱「董仙杏林」。後世遂以「杏林春滿」、「譽滿杏林」等來稱頌醫師的醫術高明。這位神仙的行為頗為特異，但這種以穀換杏的果品交易則是當時的實際情況，同時也反映了江西各地的果品市場普遍存在。

六朝時期，農村集市稱呼不一，如稱集、市、場、墟等，種類頗多，如糧市、魚市、果品市，還有藥市、鹽市、紗市、牛馬市等。集市定期一聚，各地集市間隔時間不一，少則三四日，多則五六日舉行 一次。草市首見於東晉時期，其最初的含義為草料市場，通常設在州、郡、縣治的城外。隨著草市的發展，逐漸出現其他商品的交換，並有酒肆、旅店、民舍，進而形成城外的商業區。從已見的史料來看，建康是較早出現草市的地區。《南齊書》卷五○《鄱陽王蕭寶寅傳》載：「寶寅逃亡三日，戎服詣草市尉，尉馳以啟帝（東昏侯蕭寶卷），帝迎寶寅入宮問之。」同書《五行志》載：「建武四年（497 年），王晏出至草市，馬驚走。」草市尉就是主管草市的官吏，可見草市是由官府管理的，並收取一定的商業稅。臨川郡治的魚市，大約就屬於草市之類。豫章郡治的集市已有相當的規模，前文所敘豫章郡婦女「暴面市廛，競分銖以給其夫」。所謂「市廛」，就是商店集中的地方。由此可以想見六朝時期豫章郡治商店林立、商業繁榮的景象。而「鄱陽、九江、臨川、南康、宜春，其俗又頗同豫章」，說明鄱陽等郡同樣有大量的集市存在，且有一定的規模。

商業的發展又必以貨幣為媒介。上文曾談及，齊武帝時詔令各州出錢大規模市米、絹、綿、布、胡麻等，其中江州出錢五百

萬，所出錢數僅少於京師和揚州，而與荊、雍二州持平，較其他各州多出二百萬。至南朝中後期，江西地區已普遍使用錢幣，貨幣成為商品交換的唯一媒介。《隋書・地理志》稱：「梁初，唯京師及三吳、荊、郢、江、湘、梁、益用錢，其餘諸州則雜以穀帛交易。」這些史料都是當時江西商品貨幣經濟較為發達的重要佐證。

經濟的發展和商業的逐步繁榮，孕育出了眾多的富室豪家，「無凍餓之人，亦無千金之家」的貧困落後狀況早已成為歷史陳跡。六朝時期的江西境內，家財百萬、千萬的地主、豪強、僧尼布於各個郡縣，屢見不鮮。《太平寰宇記》卷一一一江州條記載尋陽郡三姓：陶、翟、騫，豫章郡五姓：熊、羅、雷、諶、章。所謂三姓、五姓，實際上就是在六朝時發跡的大族豪強。臨川郡的豪強也不少，如陳代的熊曇朗、周敷、周迪、黃法氍等一批土著酋豪即是。

《宋書・索虜傳》中有段記載頗為重要：「文帝元嘉二十七年（450年），大舉北伐，有司奏軍用不足，揚、南徐、兗、江四州富有之民，家資滿五千萬，僧尼滿兩千萬者，並四分換一（《資治通鑑》為『四分借一』），過此率討，事息即還。」宋文帝因對北魏的長期大規模用兵，以至國庫空虛，財政困難，不得不向四州富有之民借貸鉅款，以籌措軍費。他選擇的四州之中，兗州位於淮北，南徐州是僑州，江南只有揚、江二州為借貸物件，說明揚、江二州的富庶程度和大地主、富室豪家極多，其中包括一定數量的僧侶大地主。且「四分借一」，富有之民一次要借給政府五〇〇萬至一二五〇萬錢，如果不是巨富，無論如何是

拿不出這麼多錢的。家資滿二〇〇〇萬至五〇〇〇萬的大地主尚且如此之多，一般的中小地主必定比比皆是。富室豪家的大量湧現，從一個側面反映了六朝時期江西地區經濟的發展和商業較為發達的程度。

六朝商業活動中還有一個突出的現象，即貴族、官僚經商成風。據《南史》卷七七《沈客卿傳》載：「以舊制軍人士人，二品清官，並無關市之稅。」可見，東晉南朝的官僚貴族及軍人經商，是享有免稅特權的，這就大大刺激了他們對經商的濃厚興趣。官商大都十分貪婪，他們除了販運各種農副產品、手工業品及奢侈品外，甚至連受賄得來的多餘酒食也要拿到市場上去出售。如前面多次提到的東晉江州刺史劉胤，上任伊始，即「不恤政事，大殖財貨，商販百萬」，很快成為官僚中經商的暴發戶。南朝鄧琬是個貪得無厭的官商，劉宋大明八年（464 年），他出任晉安王劉子勳鎮軍長史、尋陽內史、行江州事，史稱「琬性鄙闇，貪吝過甚，財貨酒食，皆身自校量」。後助劉子勳稱帝尋陽，自己獨攬大權，「至是父子並賣官鬻爵，使奴婢出市道販賣」[81]。六朝的商品中，有相當一部分是由享有免稅特權的貴族官僚和富商大賈通過長途水上販運而來。

---

81 《南史》卷四〇《鄧琬傳》，第 1025 頁。

二　城市的發展與初步繁榮

中國古代城市是因政治、軍事的需要而逐步建立起來的，一個城市往往就是一地的政治、軍事和文化中心，國都則成為全國的政治、軍事和文化中心。

秦漢時，江西的城市還不夠發達。秦代江西全境只有區區三個縣級城鎮，即艾縣、番縣和南野。西漢初，江西提升為豫章郡，但也僅有一個郡城和十七個縣級城市，城市規模也不大。東漢時，全郡有城二十一個，至東漢末，縣城增至二十五個，數量顯著增加。南昌作為郡治，規模迅速擴大，《後漢書・郡國志四》注引《豫章記》說：「江淮唯此縣（南昌縣）及吳、臨湘三縣是令。」我們知道，秦漢建置規定，萬戶以上設縣令，萬戶以下設縣長，而吳縣屬吳郡，臨湘縣屬長沙郡；可見，東漢後期，南昌縣人口已達到萬戶以上，如以平均每戶五口計，則至少超過五十萬人。南昌作為縣城，人口應不在少數，這在當時的江南地區算是一個較大的城市了，它可與開發較早、地處吳楚腹地的吳、臨湘二縣並駕齊驅。

六朝時期，隨著新地區的不斷開發、經濟的持續發展和商業的日趨活躍，在秦漢的基礎上，江西地區的城市得到迅速發展，不僅數量顯著增加，規模也日益擴大。東吳時，郡一級的中等城市增至六個，縣級城鎮達五十八個。西晉時，江西經濟繼續上升，又新增南康郡，治于都，後遷贛州；縣級城鎮較東吳時有所減少，但仍有五十一個。晉惠帝元康元年（291 年），江西提升為州，稱江州，治豫章（今南昌市）。從此，南昌作為州治而開始成為整個江西地區的政治、經濟和文化中心。東晉南朝江西境

內縣級以上的城市基本保持在五十三至六十一個之間，至於縣級以下的小城鎮則無從統計。

西漢潁陰侯灌嬰（一說陳嬰）始築豫章城，周圍十里，八十一步，辟有六門：南曰南門、松陽門，西曰皋門、昌門，東北二門各以方位命名，城外開挖城壕以儲水。江西人民為了紀念灌嬰將軍，後稱豫章城曰灌城。據清乾隆《南昌縣誌》卷三〇《人物志》記載，漢高帝五年（前 202 年），潁陰侯灌嬰領兵渡江定吳、豫章等五十二縣，南昌城東人章文首先向灌嬰進計：「以南昌當諸道之中，請築城建郡」。他的建議被灌嬰採納，於是命他負責建城之事。章文不辭辛勞，親自規劃，並組織、指揮民工精心施工，第二年，便將豫章城建好。南昌人民感激章文的恩德，及其卒，在城北江邊上為他立祠以紀念。豫章「自漢建郡以來，民物蕃阜，名於東南。設險啟土，文之力也」。

經東漢、魏晉五百餘年的發展，東晉豫章城已有相當的規模，初步具備建都的條件。東晉成帝咸和四年（329 年）二月，蘇峻、祖約之亂平定後，建康城遭到嚴重破壞，宮闕化為灰燼，江州刺史溫嶠力主遷都豫章，三吳豪強請遷都會稽，後因受到司徒王導的阻攔而不復遷都。

東晉太元（371-372 年）中，豫章太守范甯進一步擴大豫章城規模，更辟東北、西北二門以對皋門、松陽門，八門相望，通路直指，說明城市人口不斷增加，城市經濟初步繁榮。東晉南朝的江州治所或豫章或尋陽（今九江市），豫章以州治的優越地位，處於持續發展和繁榮之中。

至唐初，南昌已成為一個人口稠密、商業發達、經濟繁榮的

著名都市。王勃在《滕王閣序》中曾有生動的描寫：「南昌故都，洪都新府。……物華天寶，龍光射牛斗之墟；人傑地靈，徐孺下陳蕃之榻。……閭閻撲地，鐘鳴鼎食之家；舸艦彌津，青雀黃龍之舳……」從序中不難看出，唐初的南昌已成為一個物產富饒、人才輩出的大都市，城內裏巷門戶相連，居民一家挨著一家，鳴鐘列鼎而食的巨室富戶比比皆是，到處呈現一派繁華的景象；贛江渡口泊滿了各種船隻，商賈遊客往來不斷，商業發達，百業興旺。

尋陽（今九江市）也是一個具有悠久歷史的著名大都市。尋陽初名盆城，也稱溢口、溢城或溢口城。據晉張僧鑒所撰《尋陽記》載：「溢口城，漢高祖六年灌嬰所築。」《永樂大典》卷八〇九二《十九庚‧城》江州府城條引南宋無名氏《淳祐江州圖經志》也說：「州城，漢灌嬰所築也（高帝六年）。城池北阻大江，西帶盆口，東南引廬宮諸水繞之。」又引李墮《譙樓記》說：「溢口城漢高帝六年灌嬰所築。尋陽在昔為江表要衝，宜英豪加意經理也。自南北分裂，歷晉至陳，號為重鎮，與荊揚比。」據此可知，尋陽自建城至今已有二二〇〇多年的歷史。城初建時，已經有城有池，應有一定規模。東晉末，劉裕修浚城池，增高城牆，擴大城市規模。至劉宋中期，鄧琬擁立晉安王劉子勛稱帝尋陽，在此駐兵數十萬，加上朝中百官及城中居民，人口已相當可觀，尋陽規模之大可知。齊武帝蕭賾繼續增廣城池，進一步擴大城市規模。齊梁時，尋陽迭為江州治所，其地位顯得更加重要。梁末，王僧辯、陳霸先率重兵沿江東下平定侯景之亂，就是從尋陽出發的。而作為長江上的交通樞紐，尋陽「南開六道，途通五

嶺，北導長江，遠行漢岷」，這裏商賈雲集，經濟繁榮。因此，六朝時期的尋陽不僅是戰略要地，而且是重要的商業都會。

至於其他郡城，如鄱陽郡治鄱陽（今波陽）；廬陵郡治高昌（今泰和西北），晉移治石陽（今吉水東北）；臨川郡治南城，晉移治臨汝 （今撫州市西）；安成郡治平都（今安福）；南康郡治雩都（今于都東北），東晉移治贛縣（今贛州市）。這些城市在六朝時期有較大的發展和變化也在情理之中。

在州、郡城的發展帶動下，部分縣城也始具規模，變化顯著。如豐城縣城，晉太康中始建，有城有池；瑞昌縣城，周七里，西南臨龍泉及盆水，有四門：東曰通德，南曰迎薰，西曰長庚，北曰通江；湖口縣城，周七里，東西二門；彭澤縣城，周七里，即山為城。縣城的發展變化，是江西各地經濟發展和商業初步繁榮的重要見證。

第五章————

六朝時期江西的
宗教與文化

隨著時代的巨變和社會經濟的持續發展，六朝時期江西地區的儒學、佛教、道教等各種思想也在鬥爭中相互交融，競相發展。尤其是廬山更成為各種思潮相互矛盾和鬥爭的中心地。慧遠大師在此創建東林寺，使之成為佛教淨土宗的發祥地和初祖祖庭，使廬山的名聲遠揚。南方的道教代表人物陸修靜也於劉宋初來到廬山，為改革南朝道教作出了貢獻。作為中國道教發祥地的龍虎山，自第四代天師張盛於西晉永嘉年間從中原返還龍虎山，修治祖天師元壇及丹灶故址，以後歷代天師遂家於此，使龍虎山成為天師正一道的祖庭。與此同時，虞溥、范宣、范寧等人在江西大興崇儒興學之風，使儒家經學文化得到廣泛傳播。深厚的文化土壤孕育出了一代著名詩人陶淵明，是六朝時期江西文學成就的傑出代表。在史學和科學技術等方面，江西人民也取得了一定的成就。

第一節 ▶ 佛教與道教的廣泛傳播

一 佛、道二教在江西各地的傳播

東漢明帝時，佛教開始傳入中國。《宋書》卷九七《夷蠻・天竺迦毗黎國傳》記載甚明：「佛道自後漢明帝，法始東流。自此以來，其教稍廣，自帝王至於民庶，莫不歸心，經誥充積，訓義深遠，為一家之學焉。」中國佛教界也一直有「漢明求法，佛教初傳」的史話流傳，這一說法向為一般佛教徒所認可。據史書記載，東漢永平十年（67 年），漢明帝曾派郎中蔡愔、博士弟子

秦景等到印度求取佛法，帶回釋迦牟尼佛像和佛經《四十二章經》，隨同前來的還有兩名印度僧人迦葉摩騰、竺法蘭。相傳蔡愔是騎著一匹白馬從印度負經回來的，東漢政府就在洛陽雍門外興建了我國第一座佛寺——白馬寺。從此，佛教在我國得以逐漸傳播。佛教傳入中國後，最初只是在統治階級上層有所影響，而且往往將浮屠（佛）與老子並祭，在廣大人民群眾中並無影響的痕跡。

東漢末年，佛教在洛陽和江淮之間流傳轉廣，影響逐漸擴大。丹陽人笮融為徐州牧陶謙督廣陵、下邳、彭城糧運，霸佔三郡租稅，大起浮屠寺（佛寺），塑造佛像，飾以黃金，以賜給酒飯、免役等辦法，招引遠近數千人聽經受道，這是我國佛教建寺、造像和大規模招致信徒之始。自此，佛教開始深入民間。

三國時，佛教在南方得到傳播。赤烏十年（247 年），少數民族僧人康僧會來到東吳，「置經行所，朝夕禮念，有司以聞」。孫權因引見僧會，並於宮內立壇。「帝（孫權）崇佛教，以江東初有佛法，遂於壇所立建初寺」[1]。建初寺應是南方最早的佛教寺院。

東晉十六國、南北朝時期，佛教在門閥地主的提倡下得以廣泛傳播，尤其是南北朝時期，佛教空前氾濫。十六國時，天竺僧人佛圖澄、鳩摩羅什先後被後趙石勒、石虎和前秦苻堅征為國

1　唐・許嵩《建康實錄》卷二《太祖下》，張忱石點校，中華書局，1986。

師。這些少數民族統治者企圖利用佛教作為統治人民的精神工具，也企圖在興敗無常的民族戰爭中借用佛教寄託自己的幻想，因而宣導佛教，大造佛寺。而長期遭受壓迫的各少數民族和漢族人民也希望尋找一種精神寄託，幻想在渺茫的來生能消除死亡、流徙的痛苦，因而也有很多人出家。

南朝佛教興盛，許多帝王、朝貴、大族地主佞佛。梁武帝是佞佛的典型，他尊佛教為國教，在全國大興佛寺，使僧尼人數猛增，並三次捨身同泰寺為奴，每次都要臣下花億萬錢將其贖回。南朝共有寺院八一一四所，僧尼一八六四○○人，其中蕭梁一朝寺院即達二八四六所，僧尼八二七○○人。

北朝佛教發展更盛，皇帝、太后、妃主、諸王、官僚地主大都佞佛，一些廢主、公主、郡主還往往出家為尼。據統計，北魏孝文帝太和元年（477年），全國有寺院六四七八所，寺尼七七二五八人；而到北魏末年，時隔僅半個多世紀之久，全國寺院竟增至三萬所，僧尼增至近二○○萬人。北齊、北周兩國寺院四萬所，僧尼總數幾近三○○萬人，占當時北方總人口的十分之一，佛教空前氾濫。

隨著佛寺的大量興建和僧尼的激增，寺院產生了自己的獨立經濟，佔有大量土地和依附農民（佛圖戶、僧祇戶），形成特殊的僧侶地主階級，他們不事生產，享受門閥地主特權。

佛教傳入江西的時間甚早，孫權赤烏十年（247年）以後逐漸傳播開來，其傳播發展的趨勢，則與全國同步。赤烏年間，江西境內出現了最早的一批佛寺，其中有廬陵南塔寺、崇恩寺，信豐延福寺，泰和崇福寺，永新松林寺，瑞昌筋竹寺（宋代子澄著

《江州志》，載該寺於赤烏元年置，時間可能有誤）等六所寺院。此外，盧陵東山禪寺、分宜福勝寺則分別建於孫亮建興二年（253 年）和孫皓寶鼎年間（266-269 年）。這些寺院散佈於贛東北的瑞昌、中部的盧陵與泰和、西北的永新、南端的信豐等地，說明三國時期佛教在江西各地已得到初步發展，為日後的廣泛傳播奠定了基礎。

兩晉南北朝時期，佛教迅速蔓延到江西各郡縣，一大批佛寺相繼湧現。如南昌的大安寺、禪居寺、普賢寺、琉璃寺、菩提寺、百福寺、觀音寺，德化的普照寺、遺愛寺、重昌寺，瑞昌的寶嚴寺、資聖寺，湖口的圓果寺、蓮花寺，彭澤的興福寺、淨國寺、善業寺，甯都城南的寶林寺等，僅盧山上下就先後建有十幾所寺院，其中以西林、東林二寺最為著名。據記載，這一時期，江西新增佛寺八十七所，廣布於今南昌、新建、萍鄉、吉安、鄱陽、瑞昌、星子、都昌、寧都等三十二縣，形成三個相對集中的區域：一是以南昌為中心，在南昌及其周邊地區有寺十七所；二是以盧山為中心，包括瑞昌、九江等縣，有寺二十一所；三是以鄱陽為中心，包括波陽、都昌等縣，有寺十四所。這三個中心點，又都是江西開發最早、經濟最發達的地區，發達的經濟為宗教的廣泛傳播創造了有利條件。

道教是中國土生土長的宗教，由民間流行的巫術與黃老學說的部分內容結合而成。道教形成於東漢順帝時（126-144 年），比佛教傳入的時間稍晚，其淵源可追溯到先秦時代的巫師、方士。最初，道教奉黃帝、老子為始祖，故稱黃老道。由於黃帝是傳說中的人物，而老子卻是一個有史可考的實實在在的人物，之

後，老子取代黃帝而成為道教的唯一教主。傳播道教的人稱「道士」，他們最初大都由方士轉化而來。

道教形成之初，分為太平道和五斗米道兩大派系。

太平道：東漢順帝時，琅邪人于吉製作《太平清領書》一七〇卷，「其言以陰陽五行為家，而多巫覡雜語」[2]。今存《太平經》殘本，即從該書轉化而來，是道教的主要經典。太平道講究以符水替人治病，《三國志》卷八《張魯傳》注引《典略》曰：「太平道者，師持九節杖為符祝，教病人叩頭思過，因以符水飲之，得病或日淺而愈者，則云此人信道，其或不愈，則為不通信。」同時宣傳散財濟貧，所以容易被廣大農民所接受。它流行於今河北、山東地區，主要在下層群眾中流傳。巨鹿人張角是太平道的主要首領，漢靈帝時，曾利用太平道的組織形式和其在民間的影響，發動了大規模的黃巾起義，故太平道也稱黃老道。由於太平道反映了農民群眾的願望和要求，又往往與農民革命相結合，因而為封建統治者所嫉恨。隨著黃巾大起義的失敗，太平道也遭到殘酷鎮壓，從此銷聲匿跡。

五斗米道：形成的時間與太平道相同。創始人張陵，原籍沛國豐邑（今江蘇沛縣），早年在江浙一帶講誦《老子》，晚年去四川活動，居陽平山，繼遷鵠鳴山。在山中學道，造作道書，用符水咒法替人治病。東漢順帝漢安元年（142年），張陵自稱老子親授《太上三天正法經》、《正一明威妙經》，命他為天師，於

2　《後漢書》卷三〇下《襄楷傳》，第1084頁。

是訂立教規，招收徒眾。規定凡入道者，必須交納五斗米，故稱「五斗米道」。張陵被後人尊為「張道陵」、「張天師」，五斗米道也因之而稱為「天師道」、「正一派」。張陵死後，其子張衡、孫張魯世傳其道。張魯時，天師道徒眾多，勢力猛增，因而與張角東西遙相呼應，在漢中建立了政教合一的地方政權，以道教制度進行治理。張魯保據漢中近三十年，人民生活比較安定，關中人民前去逃難者達數萬家，直至建安二十年（215 年），才被曹操擊滅。此後，五斗米道陸續流傳南北各地。

五斗米道除張陵、張魯一系外，還有巴郡的張脩一系。「脩法略與（張）角同，加施靜室，使病者處其中思過。又使人為奸令祭酒，祭酒主以《老子》五千文，使都習，號為奸令。為鬼吏，主為病者請禱。請禱之法，書病人姓名，說服罪之意。作三通，其一上之天，著山上；其一埋之地，其一沉之水，謂之三官手書。使病者家出米五鬥以為常，故號曰五斗米師」[3]。張脩曾在漢中發動過一次五斗米道徒起義，東漢統治者誣之為「米賊」，但很快失敗。五斗米道的經典是《老子想爾注》，原書早已失傳，相傳為張陵所作。

從三國時起，道教在江南各地逐漸傳播開來。孫策創業之初，「時有道士琅邪于吉，先寓居東方，來吳會，立精舍，燒香讀道書，製作符水以療病，吳會人多事之」；並「助軍作福，醫

3　《三國志》卷八《張魯傳》注引《典略》，第 264 頁。

護將士」[4]。孫策手下諸將賓客三分之二都很崇拜他。吳晉時期，丹陽句容（今江蘇勾容縣）人葛玄、葛洪是著名的道教人物。葛玄是葛洪的族祖，「吳時學道得仙，號曰葛仙公，以其煉丹秘術授弟子鄭隱」[5]。葛洪向鄭隱學煉金丹，後又師事南海太守鮑靚學習道法，遂成為金丹道教的創始人。據傳他們曾到清江閣皂山、峽江玉笥山煉丹修道，使這裡成為道教的洞天福地。

至晉代，天師道在江南地區得到逐步發展，其中最有影響的是杜子恭一派。杜子恭，吳郡錢塘人，世傳五斗米道。他善於符籙禁祝、跪拜首過之術，以為人治病作為傳教方式，但廢除了入道者須交納五斗米的規定。《南史》卷五七《沈約傳》記載說：「錢塘人杜炅字子恭，通靈有道術，東土豪家及都下貴望並事之為弟子，執在三之敬。」可見，杜氏天師道在江南的高級士族中很有市場，擁有不少信徒。到其弟子孫泰時，不僅在上層士族中流傳，而且在下層群眾中也廣招信徒，並發動了反晉鬥爭。孫泰被殺後，其侄孫恩以復仇為名，發動了更大規模的五斗米道徒作亂。

東晉的上層士族也有不少信奉張氏五斗米道的，如王羲之一家即是，史稱「王氏世事張氏五斗米道」，其子王凝之信之「彌篤」。王羲之常和一些道士交往，《晉書》卷八〇《王羲之傳》便載有他為道士寫經換鵝的故事：「又山陰有一道士，養好鵝，

4　《後漢書》卷三〇下《襄楷傳》注引《江表傳》，第 1084 頁。
5　《晉書》卷七二《葛洪傳》，第 1911 頁。

羲之往觀焉，意甚悅，固求市之。道士云：『為寫《道德經》，當舉群相贈耳。』羲之欣然寫畢，籠鵝而歸，甚以為樂。」羲之「性愛鵝」，可能與他愛道有關。他們父子倆都曾任過江州刺史，給江西的宗教文化帶來一定的影響。後來，王凝之出任會稽內史。及孫恩攻打會稽，僚佐請早作防禦準備，凝之不從，獨自入靖室向神祈禱，出來對諸將佐說：「吾已請大道，許鬼兵相助，賊自破矣。」[6]結果會稽很快失陷，凝之遂為孫恩所害。

南北朝時期，北方有以寇謙之為代表的北天師道，南方有以陸修靜為首的南天師道。他們都對原天師道進行大力改造，使之完全失去原始道教的本來面目。寇謙之清整道教，先除去「三張（張陵、張衡、張魯）偽法」，「專以禮度為先」，使新道教與封建禮教緊密結合，更好地為封建統治者服務。陸修靜居廬山東南麓的簡寂觀，制定了道教的許多齋戒儀式。此外，流行於南朝的還有從天師道分化而來的上清派，其著名代表人物是梁代的陶弘景。

隨著道教在江西各地的傳播，一批道觀相繼建立起來。東吳赤烏年間（238-250 年）建立的泰和崇道觀、永豐梅溪觀、沖虛觀、泰和觀是最早的一批道觀。兩晉時，道觀數量顯著增加，計有五十二所，僅南昌就有十餘所，如紫極觀、妙濟觀、丹霞觀、玉宸觀、太虛觀、常清觀、狪道觀、靈仙觀、招仙觀、玉台觀等，其他分佈於新建、永修、新余、吉安、鄱陽、贛州、萍鄉等

6　《晉書》卷八〇《王羲之傳》，第 2103 頁。

二十餘個縣（市）。南朝時，新增道觀十餘所，如廬山東南麓的祥符觀、先天觀、景德觀，其他分佈於新建、奉新、峽江、萍鄉、都昌、餘干、德安、彭澤、南康等十縣（市），其中以龍虎山正一宮、西山萬壽宮、廬山簡寂觀最為著名。

二　慧遠法師與廬山佛教

寺以僧傳。廬山東林寺之所以享譽後世，久負盛名，與晉代高僧慧遠法師息息相關。

釋慧遠（334-416 年）[7]，東晉時期著名高僧，南方佛教領袖，是中國佛教史上繼道安之後的又一重要人物。俗姓賈，雁門樓煩（今山西寧武）人。幼而好學，瑋璋秀髮。年十三，跟隨舅父令狐氏遊學洛陽，始涉足儒學。他博綜儒家六經，尤精《老》、《莊》。

慧遠生於東晉十六國亂世，時局動盪，民生塗炭。年二十一，欲渡江跟隨范宣子過隱居生活，值後趙國主石虎剛死，中原

7　湯用彤《釋慧遠年表》，載《理學・佛學・玄學》，第 86-87 頁，北京大學出版社，1991。

寇亂，南路阻塞，未能如願。時沙門釋道安於太行恒山立寺，弘揚佛法，名聞遠近，遂投歸之。慧遠十分推崇道安，說：「真吾師也。」後聽道安講授《般若經》，豁然醒悟，歎息說：「儒道九流皆糠秕耳！」[8]於是與弟慧持落髮為僧，委命受業。

《般若經》是當時廣泛流傳的佛教大乘宗教哲學。「般若」是譯音，意為智慧，是佛教提倡的一種帶有神秘主義色彩的智慧，它不是用來認識客觀世界，而是專門用來體會佛教最高本體的神秘力量。《般若經》的主要思想是用否定的思辯方法，以論證現實世界虛幻不實，它認為一切物質現象和精神現象都是虛幻不實的。《般若經》是一部共有六百多卷的大叢書，其中心內容可歸納為四句話：「色即是空，空即是色；色不異空，空不異色。」色者，指現實、物質世界；空者，虛幻、不真實之意。這四句話的意思是說，現實世界是虛幻的，虛幻的東西即是現實世界；現實世界與虛幻世界並無差別，而虛幻世界與現實世界也無差別。

魏晉時期，玄學盛行，許多釋道人物參與其中。道安在講授《般若經》時，也引用著名玄學家何晏、王弼等人的貴「無」思想加以解釋，把「般若」理解為「以無為本」，將玄學與佛學緊密結合起來，藉以爭取社會上層的支持。慧遠從道安的講解中得到啟示，懂得要在當時的中國推進佛學，必須借助玄學。他天資

8 梁・釋慧皎《高僧傳》卷六《義解三・釋慧遠傳》，載《歷代高僧傳》第 358 頁，上海書店，1989。

聰穎，胸懷大志，落髮之後，卓然不群，常欲總攝佛事，以大法為己任，研究佛經，殫精竭慮，以夜繼晝，成就斐然。道安常歎曰：「使道流東國，其在遠乎！」年二十四，便開始講經。《難實相義》是一部較難的佛經，反復講解後，有的徒眾仍然聽不懂，慧遠就引證莊子哲學中有關虛無的思想比附闡發，這在當時是屬於「格義」的方法，「於是惑者曉然」。是後道安也特意允許慧遠借助「俗書」（佛經以外的書）講經，以闡明書中的哲學原理。慧遠成功地將儒、道、佛冶於一爐，而以佛學為主，為探索佛教中國化的道路奠定了基礎，使他很快打開了弘揚佛教的局面，信徒日增，並得到上層統治者的大力扶持，最終成為東晉一代的佛教領袖。

東晉哀帝興寧三年（365 年），北方戰亂不已，慧遠、慧持南游樊沔。前秦建元九年（373 年），秦將苻丕南攻襄陽，道安被襄陽守將朱序所拘，無法脫身，乃將徒眾分別遣散到各地去宣揚佛法。不久，秦軍攻破襄陽，道安被苻丕帶回長安，慧遠與弟子數十人則南下荊州，先住上明寺，打算前往廣東羅浮山修行。太元六年（381 年），慧遠一行抵達尋陽，「見廬峰清靜，足以息心」，始住龍泉精舍，因號精舍為龍泉寺。這時，慧遠的師兄慧永在前往羅浮山途中，先期到達廬山。晉孝武帝太元二年（377 年），太府卿陶范為慧永在廬山西北麓的香爐峰下修建西林寺，慧永就在這裡居住下來。陶范，陶侃之子，居家鄱陽。慧永與慧遠本同門舊好，及聞慧遠居龍泉寺，遂邀慧遠同住。隨著僧眾日益增多，本來顯得偏狹的西林寺已無法容納，慧永遂請江州刺史桓伊為慧遠另建一座寺院。太元十一年（386 年），桓伊為慧遠

在西林寺東更立房殿，故名東林寺。二寺東西相對，近在咫尺，名剎名僧，相輔相成，從此名揚宇內。

東林寺地勢優越，環境幽靜。正對香爐之峰，傍帶瀑布之壑；寺南面廬山，北倚東林山。自北而西，環合四抱，有如城廓，洞靜山美，相地者謂之「倒掛龍格」。寺前臨大溪，入門為虎溪橋。自南而西，驛路經其旁，為九江至建昌（今永修）之孔道，交通便利。慧遠於寺中創立精舍，親手植松種柏，清泉環繞，白雲滿室；

· 虎溪三笑圖（民國初）

又於寺內別置禪林，森樹煙凝，石徑苔合，給人以神清氣肅之感。此後，慧遠就一直以東林寺為中心，開展一系列的佛教活動。

慧遠自東晉太元六年（381 年）入廬山，至東晉義熙十二年（416 年）圓寂，前後居廬山三十六年。《高僧傳·義解三·慧遠傳》載：「自遠卜居廬阜三十餘年，影不出山，跡不入俗，每送客游履，常以虎溪為界焉。」據說他送客散步，從不逾越寺門前的虎溪，如果過了虎溪，寺後山林中的老虎就會吼叫起來。一次，詩人陶淵明和道士陸修靜來訪，與慧遠談得很投機，送行時

不覺過了虎溪橋，直到後山的老虎發出警告的吼聲，三人才恍然大悟，相視大笑而別。「虎溪三笑」雖為傳說故事，但卻反映了儒、佛、道相互交融的一面，向為歷代名士所欣賞。慧遠「率眾行道，昏曉不絕」，全力弘揚佛教，使廬山逐漸成為全國著名的佛教聖地。

在他的周圍，集合了一大批高僧。如釋慧持，「慧遠之弟也。……廬山徒屬莫非英秀，往返三千，皆以持為稱首」。豫章太守范甯曾請慧持講《法華毗曇經》，「於是四方雲聚，千里遙集」[9]。

慧遠弟子釋僧濟，「晉太元中來入廬山，從遠公受學，大小諸經及世典書數，皆遊練心抱，貫其深要。年始過立，便出邑開講，曆當元匠」。

釋法安，「善戒行，講說眾經，兼習禪業」。釋曇邕，「內外經書，多所綜涉；志尚弘法，不憚疲勞」。

釋道祖、釋僧遷、釋道流，「並才義英茂，清新日悟」。

釋慧要，「亦解經律，而尤長巧思」。

釋道汪，「年十三投廬山遠公出家。研綜經律，雅善涅槃（即《涅槃經》，又稱《泥洹經》）」。後西至成都，於州城西北立祇洹寺，「化行巴蜀，譽洽朝野」。

釋道靜，「解兼內外，偏善涅槃」。

9　梁‧釋慧皎《高僧傳》卷六《釋慧持傳》。以下皆見各僧本傳，不一一注明出處。

釋道溫，「年十六，入廬山依遠公受學。⋯⋯元嘉中，還止襄陽檀溪寺。善大乘經，兼明數論，樊鄧學徒並師之」。

鳩摩羅什四大弟子之首的竺道生，也慕慧遠之名，「投跡廬山，銷影岩岫，山中僧眾咸共敬服」。

由於慧遠孜孜為道，一心弘佛，又學問淵博，「內通佛理，外善群書」，所以名氣很大。一批官僚、學者和名士也遠離官場，拋棄名利，從四面八方來投依他，例如豫章雷次宗，彭城劉遺民，建昌周續之，柴桑張野，南陽宗炳、張銓等，著名田園詩人陶淵明也不時來廬山與慧遠交遊。

慧遠對佛教的貢獻是多方面的。

首先，他創建了南方兩大佛教中心之一的廬山東林寺，結成白蓮社，開創了中國佛教彌陀淨土信仰。

東晉元興元年（402年），慧遠邀集劉遺民、周續之、畢穎之、雷次宗、宗炳、張野、張銓等學者居士，研討如何轉生西方淨土世界的問題，並在東林寺阿彌陀佛像前建齋立誓，專修念佛三昧，發願共同往生西方淨土世界，相互結成白蓮社（見扉頁明・仇英《蓮社圖軸》），參加的僧人、居士有一二三人，其中高賢十八人，由劉遺民撰寫《發願文》，以表示他們虔誠的願望和決心。

佛教中所講的淨土，是指一種清淨、完美的社會或世界。大乘佛教把佛所居住的世界稱之為淨土，也稱淨剎、淨國、佛國等，通稱西方極樂世界，是與俗人居住的所謂「穢土」、「穢國」相比較而言的。中國淨土信仰始於東漢時期，印度佛教的淨土經典傳入中國之後，曾分為「彌勒淨土」和「彌陀淨土」兩種。「彌

勒淨土」由道安首創，在北魏盛行一時，齊梁間還有所聞，不久便衰落下去；「彌陀淨土」則始於慧遠，此後一直流傳下來。彌陀淨土主張口念彌陀，坐禪修定，息除妄念，心注西方，觀想念佛，即所謂念佛三昧。這樣，來世就能轉生西方極樂世界。這種成佛方法，簡便易行，人人都能做到，即使不出家為僧，只要一心念阿彌陀佛，並修功德，如造佛像、施捨等，「願生彼國」，死後就可轉生西方極樂世界，故自中唐以後廣泛流行，至今綿延不斷。

魏晉南北朝時期，中國佛教只有學派而無宗派，各宗派的建立肇始於魏晉，成熟於隋唐。唐代高僧善導正式創立淨土宗，連同律宗、三論宗（又稱空宗）、法相宗（又稱慈恩宗）、禪宗、密宗（又稱真言宗）、天臺宗、華嚴宗，號稱大乘八宗，屬於顯教。淨土的經典，通稱三經一論，即《無量壽經》、《觀無量壽經》、《阿彌陀經》和《往生論》，其基本思想是以修行者的念佛行業為內因，以彌陀願力為外緣，內外相應，相互結合，往生西方淨土。善導以後，淨土宗名師輩出，五代至兩宋，淨土宗信仰深入民間。天臺、禪、律諸宗祖師也都「行歸淨土」，於是淨土宗成為「共宗」，一直流傳到現代。唐天寶年間，東林寺僧智恩東渡日本傳經講學，帶去了淨土宗。至今，日本淨土宗仍以慧遠為始祖，以東林寺為祖庭。

慧遠法師德高學博，通曉大小乘經論，又首弘淨土，遂被後人尊為中國淨土宗第一代祖師，東林寺也因此而成為淨土宗的發祥地、淨土宗初祖祖庭之所在。慧遠立白蓮社，創淨土，故淨土宗也被稱為「蓮宗」。

其次，慧遠非常重視翻譯佛經，在廬山建有一座專門的譯經台，為許多譯本作序文，為翻譯佛教經典作出了貢獻。他曾派遣弟子法淨、法領等人，橫跨沙漠，逾越雪山，克服重重困難，前往天竺（今印度等地）取經。往返一年多，法淨、法領等回到廬山，帶回不少梵本佛經，在慧遠主持下，將佛經譯成漢語，並與長安名僧鳩摩羅什交換經本。一批佛經的譯出，在一定程度上解決了江東佛經嚴重缺乏的問題。

其三，開南方毗曇學之端緒。太元十六年（391 年），罽賓（古西域國名，位今喀什米爾一帶，是佛教大乘派的發源地）沙門僧加婆提來到尋陽。僧加婆提博識眾典，慧遠迎請他譯出《阿毗曇心論》、《三法度論》，並為二經作序。從此，毗曇學開始在南方各地流行。

其四，隆安五年（401 年），龜茲沙門鳩摩羅什抵長安，大弘三論。慧遠派弟子釋曇邕入關致書通好，並問大乘義理；曇邕肩負使命十有餘年，往返通訊。現存十八章，名《大乘義章》。

其五，初傳禪法。天竺僧人佛馱跋陀羅，漢名覺賢，於十六國時由海路經交趾來到長安，與後秦高僧鳩摩羅什共論《法相》，並「大弘禪業」。後因一語之失而遭眾僧排擯，與羅什不和，慧遠進行調解。義熙六年（410 年），佛馱跋陀羅率弟子慧觀等四十餘人南下來到廬山。慧遠久服其名，聞之欣喜若舊，乃請他譯出《達摩多羅禪經》二卷。自此，禪法得以流行江南各地。

其六，對律學的貢獻。先有罽賓律師弗學多羅來到關中，在長安誦出《十誦律》梵本，鳩摩羅什譯為漢語，譯出三分之二而

多羅圓寂。慧遠常慨歎該律經不完備，及聞曇摩流支入秦，又善此經，乃遣弟子曇邕致書，請其補譯，由是《十誦律》始得全體。

其七，開唱導法理之先河，成為第一代唱導大師。佛教所謂「唱導者，蓋以宣唱法理，開導眾心也」。佛教初傳中國之後，高僧宣揚佛法，往往只是齊集眾僧，先宣唱佛名，依文致禮，然後升座講說。此法較為單調，不容易引起聽眾的興趣。其後慧遠法師開啟唱導之法，每次宣揚法理時，眾僧齊集，「則自升高座，躬為導首，先明三世因果，卻辯一齋大意」。慧遠的唱導法貴在四事：聲、辯、才、博。這就是說，宣揚佛法時，聲音要宏亮，響若鐘鼓，要有韻味，像唱歌一樣，非聲則不能使四眾驚心；剖析法理時要能言善辯，吐辭警發，非辯則無以適時；還要出口成章，文藻橫逸，非才則言無可采；同時要商榷經論，采撮書史，廣征博引，非博則語無依據。在不同場合，對不同的聽眾，唱導應有不同的內容，切忌千篇一律，此所謂「知時知眾」。

慧遠開啟唱導之法後，「歷代傳授，遂成永則，故道照、曇穎等十有餘人，並駢次相依，各擅名當世」[10]。南朝時，唱導已成為僧人的一門專業。正是有了這樣行之有效的講經方法，慧遠的聲望不脛而走，迅速傳遍大江南北。大批僧人、名士，紛紛聚其門下；不少帝王將相、達官貴人，頻頻佈施座上。全國佛教中

10　梁・釋慧皎《高僧傳》卷一三《唱導》，載《歷代高僧傳》，第 417 頁。

心在鳩摩羅什到來之前，迅速南移。

慧遠因對淨土宗、毗曇學、禪學、律學及唱導法的諸多貢獻，不僅在當時中國佛教界具有崇高的威望，就連外國僧眾也對他頂禮膜拜。《高僧傳‧慧遠傳》稱：「外國眾僧咸稱漢地有大乘道士，每至燒香禮拜，則東向稽首，獻心廬嶽。」甚至後秦國主姚興也「欽其德風，歎其才思，致書殷勤，信餉連接，贈以龜茲細縷雜變像，以申欸心。又令姚嵩獻其珠像。」

作為一代佛學大師，慧遠還提出了自己的一套佛教哲學理論。

首先，他提出沙門不敬王者。東晉成、康之世，車騎將軍庾冰曾提出沙門應敬王者。桓玄篡政時，複述庾冰創議，別的僧人不敢違抗，慧遠卻不懼淫威，公開致書桓玄說：「袈裟非朝中之物，缽盂非廊廟之器，沙門塵外之人，不應致敬王者。」[11]桓玄雖想固執己見，及見慧遠書信，猶豫不決。不久，桓玄篡位，隨即公開宣佈：「諸道人勿複致禮也。」其後，慧遠乃著《沙門不敬王者論》，提出不敬的理由和作用。他認為，出家之人，「弘教通物，功侔帝王，化兼治道」，對社會治理是有很大貢獻的。他要求「悅釋迦之風者（即在家信佛的人），則先奉親而敬君；變俗投簪者（即出家為僧的人），必待命而順動，若君有疑，則退求其志」。這就是佛教「之所以重資生、助王化於治道」的原

11　梁‧釋慧皎《高僧傳》卷六《義解三‧釋慧遠傳》，載《歷代高僧傳》，第360頁，上海書店，1989。

因。佛教要求人們涅槃寂靜，「泥洹（即涅槃）不變，以化盡為宅；三界流動，以罪苦為場。化盡則因緣永息，流動則受苦無窮」。人們全身心地去追求「涅槃」，王侯貴人們自然高枕無憂。他說：「天地雖以生生為大，而未能令生者不死；王侯雖以存存為功，而未能令存者無患」，儘管世俗的人們敬王者，而王者卻不能使活著的人免除患難，統治照常有危機。沙門之所以不敬王者，是因為他們既已出家，「皆遁世以求其志，變俗以達其變」。由俗人變為僧人，服飾變了，禮儀也應隨之發生變化，不得與世俗相同。更重要的是，沙門「不爵王侯而沾其惠」，怎能讓他們去敬王者？慧遠還指出：「道法之與名教，如來之與堯孔，發致雖殊，潛相影響，出處誠異，終期則同。」佛教與儒學殊途而同歸。

在神形的關係上，慧遠主張神不滅論。他說：

夫神者，何也？精極而為靈者也。……圓應無生，妙盡無名，感物而動，假數而行。感物而非物，故物化而不滅。

在他看來，精神是極其精靈、奇妙，而又永遠存在的，它不是什麼生物，生物雖然消失了，精神卻不會消滅。

他把神與形的關係，比作火與薪的關係：

火之傳於薪，猶神之傳於形。火之傳異薪，猶形之傳異形；前薪非後薪，則知指窮之術妙！前形非後形，則悟情數之感深。惑者見形朽於一生，便以為神情共喪，猶睹火窮於一木，謂終期

都盡耳。[12]

慧遠的意思是說，人的精神是永遠存在的，猶如一根木柴燒盡了，形已滅，但火可以傳到另一根木柴上，薪盡而火傳，形滅而神在。薪、火之喻本是兩漢唯物主義者用來論證薪毀火熄、形亡神滅的，慧遠從唯心論出發，借用過來，加以曲解，顛倒了形神關係。

慧遠還提出新的因果報應說——「三報論」。因果報應是佛教理論的一塊重要基石，如果抽掉這塊基石，那麼建立在因果報應之上的六道輪回、解脫生死都將無從談起，以至佛教的全部理論都將失去意義，甚至連佛教本身的存在都成問題。因此，在印度早期佛教中便有業報輪回之說。但慧遠提出的因果報應說，不是早期佛教輪回報應的簡單重複，而是經過改造後的新的佛教哲學理論。

佛教宣稱人有前世、現世和來世，人的一切身心活動可分為身業、語業、意業。慧遠據此提出「三報論」：

業有三報，一曰現報，二曰生報，三曰後報。現報者，善惡始於身，即此生受；生報者，來生便受；後報者，或經二生、三生、百生、千生，然後乃受。……感事而應，應有遲速，故報有

12　梁・僧佑《弘明集》卷五《遠法師・沙門不敬王者論》，第 31-32 頁，上海古籍出版社，1991。

先後。[13]

通過「三報論」，慧遠就得以解釋現實社會中的種種不平等現象，即不是沒有報應，而是報應還沒有到來，也就是人們常說的：不是不報，時候未到。慧遠還進一步認為，報應是自然之理，是直接從造孽者的自身活動中得到的，並不是外力強加的結果；報應有輕重，與一個人幹的壞事多少成正比。因此，報應具有因果必然性，是「自然之賞罰」。

慧遠的佛教理論還包括淨土思想、般若思想、禪法思想等等。在中國佛教史上，慧遠的佛教實踐活動、佛學理論、哲學思想，都佔有重要的地位。如果從哲學史的角度看，慧遠佛教哲學的最大特點便是以佛學為主，輔以儒學和玄學，而這也正是佛教在中國化過程中的巨大變化。因此，慧遠佛教哲學理論是佛教中國化的一個重要標誌，表明佛教唯心主義理論發展到一個新的階段。

由於慧遠在佛門和士人中的崇高威望，當時的朝中顯貴、封疆大吏，如江州刺史桓伊，荊州刺史桓沖、殷仲堪，輔國將軍何無忌，司徒王謐，護軍王默等，都爭先和他交往。挾震主之威的桓玄還親上廬山，向遠公致敬問難。會稽王司馬道子、晉安帝司馬德宗、宋武帝劉裕等也與他有著密切的接觸。慧遠的不凡風度和廣博學識，連負才傲俗、很少推崇他人的文壇首領謝靈運也為

13　梁・僧佑《弘明集》卷五《遠法師・三報論》，第35頁。

之傾倒，「及一見遠公，肅然心服。」慧遠與社會上層的廣泛交往，不僅使廬山獲得特別優待，還得到各方的大力支持，這為發展廬山佛教事業創造了極其有利的條件。

東晉時期，廬山塔廟林立，凡「泉石之寄、地氣之聚者，靡不據而有之」。歸宗寺是見諸記載的廬山最早的寺院，它是由書聖王羲之舍宅而建。晉永和元年（345 年），王羲之出任江州刺史，他愛上了廬山秀麗奇特的山峰和輕妙飄逸的瀑布，於是在廬山南面金輪峰下的玉簾泉附近營建別墅。第二年，羲之離任，起為右軍將軍、會稽內史，乃將其別墅施捨給了西域僧人達摩多羅為寺。今歸宗寺有墨池、鵝池，皆其遺跡。自此，歸宗寺名揚天下，宋代大文學家蘇轍在《詠歸宗寺》的詩中寫道：

來聽歸宗早晚鐘，疲勞懶上紫霄峰；
墨池漫壘溪中石，白塔微分嶺上松。
佛宇爭雄一山甲，僧櫥坐待十方供；
欲遊山北東西寺，巖谷相連更幾重。

歸宗寺之後，相繼建有龍泉寺、西林寺等。慧遠除經營自己的東林寺外，還資助其師兄弟及門人弟子興建數以十計的寺廟。據記載，廬山的龍池寺、清泉寺、圓覺寺、上崇福寺、上化成寺、陵雲寺等，均為慧遠所援建。大林寺[14]、天池寺、多佛寺、

高良寺等，則是慧遠之弟慧持所營建。大林寺建於廬山雲頂峰，與東林、西林二寺齊名，號稱「三大名寺」。唐元和十二年（817年）四月間，白居易曾邀集河南名士元集虛等十七人同游大林寺，寫下了著名的《大林寺桃花》[15]一詩。詩前作序云：「大林窮遠，人跡罕到，環寺多清流蒼石，短松瘦竹。……此地實匡廬第一境。」[16]對當年大林寺的情景作了具體的描述，這是有關大林寺的最早記載。詩曰：

人間四月芳菲盡，山寺桃花始盛開；
長恨春歸無覓處，不覺轉入此中來。

歸宗、棲賢、開先、圓通四寺，稱為「四大叢林」，與「三大名寺」是廬山諸寺中最為佼佼者。棲賢寺建於蕭齊永明七年（489年），由諮議參軍張希奏所建，由唐代名僧智常禪師命名，是為了紀念曾在廬山白鹿洞和棲賢寺讀書的李渤。開先寺是五代南唐中主李璟建造。李璟年青時喜歡讀書，曾花了一萬兩銀子在廬山南麓鶴鳴峰下，買了一塊風景極佳的土地，在此築起了讀書台。登基時離開廬山，便將讀書台舍給寺院，取名開先，意思是這個讀書台開了做皇帝的先聲。圓通寺則是李璟的兒子、南唐後

頁，上海人民出版社，1981。

15　《全唐詩》，第 1092 頁，上海古籍出版社，1986。

16　白居易《白氏長慶集》卷四三。

主李煜於中興八年（964 年）建造。建寺辟地時，掘得一尊觀音菩薩金像，這是早年寺院倒塌後留下的遺物，主事者以為吉兆，加以慶賀。觀音別號圓通，故取作寺名。

兩晉南北朝時期，中國佛教趨於興盛，隋唐五代時得到進一步發展，廬山的寺廟建築和佛教事業與之同步，故史稱「廬山塔廟始於晉，增於唐，而尤盛於南唐」。在唐宋以來的詩文中，對廬山眾多的佛寺多有記敘，如「僧屋五百住廬峰」、「廬阜招提三百所」等等。可見，自東晉至唐宋，廬山寺廟多者五百所，少則三百所。此後歷經滄桑，至清初，有具體名稱的寺院宮觀尚存兩百餘所。明代廣信人張率曾遊廬山，見佛寺遍佈，感慨萬端，賦詩一首云：

廬山到處是浮圖[17]，若問凡家半個無；
只為淵明曾好酒，至今有鳥號提壺。

南朝時期，對廬山佛教文化作出較大貢獻的是處士張孝秀和劉慧斐二人。

張孝秀，南陽宛（今河南南陽縣）人。少仕州為治中從事，後為江州刺史、梁建安王蕭偉別駕，不久，去職歸廬山，居於東林寺。張孝秀是個儒、佛、道兼修的人物，史稱他「性通率，不

---

17 佛教謂佛塔為浮圖，這裡泛指佛寺。詩見毛德琦《廬山志》卷五，第21 頁。

好浮華，常冠谷皮巾，躡蒲履，手執並櫚皮麈尾。服寒食散，盛冬能臥於石。博涉群書，專精釋典。善談論，工隸書，凡諸藝能，莫不明習」。因為他做過官，有些錢財，還有自己的部曲。為了解決衣食之源，在盧山置下了一份產業，「有田數十頃，部曲數百人，率以力田，盡供山眾」。因此吸引不少僧人和附近的貧苦人民，「遠近歸慕，赴之如市」**18**。普通三年（522 年）卒，時年四十有二。簡文帝聞之，甚為傷悼，在與劉慧斐書中，稱述其貞白。

　　劉慧斐，彭城人。年青博學，善為文章，起家梁安成王法曹行參軍。一次回都城建康，途經尋陽，游於盧山，遇處士張孝秀，意氣相投，遂有隱居之志。從此不仕，居於東林寺。又于山北構築園林一所，號曰「離垢園」，表明他要遠離污垢的世俗，一心向佛，時人稱之為「離垢先生」。慧斐精通釋典，「在山手寫佛經二千餘卷，常所誦者百餘卷，晝夜行道，孜孜不怠，遠近欽慕之。」天監十四年（515 年）五月，晉安王蕭綱（後稱帝，即簡文帝）出任江州刺史，送其幾杖；湘東王蕭繹及武陵王蕭紀等書問不絕。論者云：「自（慧）遠法師沒後，將兩百年，始有張、劉之盛矣。」**19**大同二年（536 年）卒，時年五十九歲。

18　《梁書》卷五一《處士張孝秀傳》，第 752 頁。
19　《梁書》卷五一《處士劉慧斐傳》，第 746 頁。

三　龍虎山——中國道教的發祥地

龍虎山，號稱中國道教第一山，是中國道教的發祥地，也是天師正一道的祖庭。它坐落於江西鷹潭市貴溪縣西南八十里的上清鎮，為象山支脈，由龍、虎二山組成。龍山逶迤蜿蜒，勢如龍騰；虎山峻拔拱立，狀若虎躍，故合稱龍虎山。又說，本名雲錦山，東漢和帝永元二年（90 年），因第一代天師張道陵曾攜弟子王長等游鄱陽，溯流入雲錦山，在山下煉九天神丹，丹成而龍虎見，故名龍虎山。道書贊云：

龍虎山前煉天丹，六天魔王心膽寒；
自從跨鶴歸玄表，清風明月繞降壇。

該山屬典型的丹霞地貌，瀘溪河（古稱上清溪）流經其中，丹山碧水，巒秀峰奇，懸崖壁立，瀑布飛濺，雲霧飄渺，有九十九峰、二十四岩、一〇八個自然風景和人文景觀。《道藏》載洞天三十有六，福地七十有二，龍虎山為二十九福地。

張陵死後，其子張衡、孫張魯承襲道業。張魯還在漢中建立政教合一的地方政權，雄居漢中前後達三十年之久。建安二十年（215 年）三月，曹操西征漢中；同年十一月，張魯先封府庫錢糧而後率全家出降。曹操念其有功，一方面授以高官顯位，予以優寵，拜魯鎮南將軍，待以客禮，封閬中侯，邑萬戶；封魯五子及臣僚閻圃等皆為列侯，並為子彭祖（曹宇字彭祖）娶魯女為妃。據《南鄭城碑》載：張魯「位尊上將，禮極人臣；五子十室，榮並爵均；童年嬰稚，抱拜王人；命婚帝族，或尚或嬪。」

可見，曹操對待張魯是極其優寵的，優寵的目的無非是利用其影響。另一方面又進行嚴密控制，不許他們隨意傳教惑民。就在張魯投降後，曹操立即把張魯本人及其家屬、臣僚一併帶回魏都鄴城定居，使他們遠遠脫離漢中這塊長期經營的老根據地。建安二十一年（216 年），張魯病死，長子富嗣立。張富大約一直留居北方，不知所終。

第四代天師張盛，字元宗，張魯第三子，曾被曹操封為奉車都尉、散騎常侍、都亭侯。他決心遵父遺志，承傳道業，於西晉永嘉年間（307-313 年），辭官南歸，「攜印劍經錄，還都陽龍虎山。修治祖天師元壇及丹灶故址，遂家焉。每歲以三元日[20]登壇傳籙，四方從學者千餘人，自是開科範以為常」[21]。所謂「印劍經錄」，是指天師傳承的三件信物：天師玉印——陽平治都功印[22]，大小三顆（見扉頁插圖），太上老君三五斬蛇劍和老子降授祖師的二十四品法籙。其中天師玉印最為重要，它是歷代天師權力的象徵，是龍虎山「正一宗壇」的鎮壇法寶，也是道教活動必不可少的法器。

20　三元日：道教術語，謂正月十五日「天官」，為上元；七月十五日「地官」，為中元；十月十五日「水官」，為下元。

21　清・婁近垣《龍虎山志》卷六《天師世家》，第 48 頁，江西人民出版社，1996。

22　治，為五斗米道的傳教點。五斗米道共分 24 治，據傳為太上老君所立，付天師張道陵布化。在 24 治中，陽平治居其首。所謂「二十四治會陽平」，是説陽平對其他各治有統一指揮的權利。治之首領稱都功，陽平治都功為張道陵及其子孫世襲罔替。

張盛遷回龍虎山后，正一教尚處於發展初期，宮觀洞府不多。其中主要有：

上清宮。約在東漢和帝永元、延光年間（89-122 年），張道陵在龍虎山煉九天神丹時，曾建一草堂，後稱「張天師草堂」。張盛遂在天師草堂處建「傳籙壇」。唐會昌年中（841-846 年），賜額真仙觀，北宋真宗大中祥符五年（1012 年）敕改上清觀；政和三年（1113 年）升上清觀為上清正一宮，簡稱上清宮。上清宮位於上清鎮東，群山環抱，雲霧繚繞，仙蹤縹緲，道氣十足。相傳此地為九龍聚會的寶地，鄉人有歌云：

九龍集結上清宮，天師擒妖顯神通；
唯有一龍不伏法，順水飄遊遇虎凶。

所謂九龍，是指上清宮周圍的天門山、臺山、烏劍山、獅子山、沖天山、應天山、西華山、烏龜山和聖井山，這九條山脈的走向恰似一條長龍向上清宮遊集。上清宮宮殿巍峨，規模宏偉，古時不僅居江南道教宮觀之冠，而且在全國也是首屈一指。它是歷代天師闡教演法、傳道授籙的主要宗教活動場所，也是歷代正一道高道修真養性的閬苑，故素有「神仙所都」和「百神受職之所」的美稱。三國以後，各代封建朝廷都對上清宮有所修建，規模不斷擴大，除三清、玉皇主殿外，附屬建築很多，僅道院即有三十六座。但自清嘉慶以後，年久失修，破爛不堪，殘存部分又於「文革」中毀壞。現僅存福地門、鐘樓、鎮妖井、善惡井、東隱院等古跡。

正一觀。觀址東為虎山，背靠龍山，面對清溪。始建於西晉，原為張盛在祖天師煉丹處所建祠堂，供祀張道陵。南唐保大中（943-957 年）建成天師廟，宋崇寧（1102-1106 年）中敕改演法觀，明嘉靖三十四年（1555 年）大規模整修後，改為正一觀。清代曾兩次修理，抗戰中毀於火災，今剩斷壁殘垣，供人憑弔。

天師府。又稱大真人府，全稱「嗣漢天師府」，歷代天師起居之所。原址位於貴溪縣魚塘鄉。唐稱真仙觀。北宋元祐六年（1091 年）遷上清鎮西，始稱「天師府」。明、清多次修繕，使天師府的規模日益宏大，占地面積達二四〇〇〇平方米，原有殿堂閣院二一三間，整個建築呈八卦形，體形龐大，有如王府，與山東曲阜孔府齊名，故有「北孔南張」之稱。其主要建築有府門、大堂、私第、萬法宗壇，還有天師銅鐘等。銅鐘鑄造於元至正十一年（1351 年），高三米，周圍五米，上鑄雙龍、金雞、玉兔、八卦圖案，以及「皇圖鞏固」、「國泰民安」、「風調雨順」、「大道興行」等吉祥文字，鐘銘為元代書法家方叢儀所書。全鐘共重九九九九斤，為國內所罕見。

龍虎山道教興盛之時，宮觀林立，洞府棋布，道人眾多，最多時達十八座道宮、三十六座道院、八十一座道觀。

張盛以後，天師代代相傳，弘法傳道不絕。從此，龍虎山成為全國天師道正一派的中心和南方著名的道教聖地。

第五代天師張昭成，字道融，學道不懈。據說他「能端坐一室，神遊數百里，虎豹逢之皆伏」。享年一百十九歲。

第六代天師張椒，字德馨。博通儒書，晉安帝累次徵召他去

朝廷做官，不肯起。「居山時，多神異之跡」。年百餘歲而終。

第七代天師張回，字仲昌。五歲欲傳經籙，父親要他讀儒書，答曰：「祖書不讀，讀他書何為？」由是專讀道書。「十歲嗣教辟穀，日行數百里。後入青城山，不知所終」。[23]

第八代天師張迴，字彥超。為民祈禱，不問貴賤。北魏道武帝拓跋珪曾召他去平城（今山西大同市）問道。卒年九十。

第九代天師張符，字德信。博覽經傳、子史、經籙，尤顯於當世。享年九十有三歲。

第十代天師張子祥，字麟伯。曾仕隋為洛陽尉，後棄官嗣教。據說他神通廣大，能吐丹置於掌中，光芒穿屋，尋又將丹咽下。曾遊河洛、登嵩山，有東嶽之神來謁，請求他廣宣符籙，拯救亂離已久的生靈。回龍虎山后，他分遣弟子，宣化四方。

傳至第六十三代天師張恩溥，字鶴琴，民國十三年（1924年）嗣教，曾在上海、蘇州一帶開展道教教務。抗日戰爭期間，退隱廬山。一九四六年冬，在滬發起籌備「上海市道教會」，提出「以宗教為重，團結為重」等口號。次年，道教會正式成立，並出版了《復興道教計畫書》。一九四九後輾轉入台，一九六九年十二月卒於臺北市私邸，年六十五。

四　吳猛、許遜、陸修靜等人的道教活動

兩晉南朝時期，在江西地區傳播道教較為活躍的人物，還有

23　《龍虎山志》卷六《天師世家》，第49頁。

吳猛、許遜、陸修靜等人。

（一）吳猛的道教活動

吳猛，字世雲，豫章人。曾仕吳為西安（今武寧縣西）令，因家武寧縣。從小有孝行，七歲時，在父母身旁臥，夏日多蚊蟲，卻始終不搖扇，任憑蚊蟲叮咬，人問其故，答云：「懼蚊虻去，咬我父母爾。」[24]年四十，鄉人丁義始授其神方。又得秘法神符，乃道術大行。有關吳猛行道術的傳說很多，如說他在尋陽，參軍周家狂風暴起，猛書符投擲屋上，有青鳥銜去，風即止；一次因事還豫章，贛江水急浪湧，猛不用舟楫，以白羽扇畫水而渡，觀看的人覺得很奇異。又說他曾還豫章，附載客船，一宿行千里，同行的客人看船下有兩龍載船，船不著水。雖然這些傳說未必可信，但卻說明吳猛是個道行很高的人。

吳猛的主要事蹟是為人治病，《晉書》、兩晉南朝的志怪小說及一些道書都有不少記載。東晉時，武寧縣令干慶無疾而終，三日未殯，吳猛往哭之，對干慶之子說：「干侯算（壽命）未盡，方為請命，未可殯殮。」屍體躺在靜舍中，惟心下有些暖氣。停屍七日，時值盛暑，干慶的形體開始變壞。凌晨，吳猛前來救治，他先以符水清洗病人，後設法讓病人飲漱。中午時分，干慶蘇醒，旋即張目開口，只是發不出聲來，干家闔門悲喜。「猛又令以水含灑，（病者）遂起，吐腐血數升，稍能言語。三

24　《搜神後記》卷二《吳舍人》，載《漢魏六朝筆記小說大觀》，第 446 頁。

日，平復如常」[25]。干慶，晉著作郎干寶之兄。據說干寶有感於其兄死而得救和目睹亡父殉妾複生，因撰《搜神記》，行於世。

吳猛常為家鄉人民治病。有一年，豫章一帶發生疾疫，人們競相向吳猛乞求符水。猛患其煩，乃畫江水方圓百步，讓人們隨意任取，病者得水皆愈。又有道士舒道雲患瘧疾三年，久治不愈，吳猛授以三皇詩，讓病者諷誦，待朗朗上口，疾病頓愈。庾亮為江州刺史時，曾遇疾，聞吳猛神異，乃厚禮迎之來武昌，問己疾如何，猛見亮病入膏肓，婉辭求歸，後亮果然一病不起。

吳猛為人治病的事蹟被蒙上一層神奇色彩，這應視作一些古史和道書的附會，故意用符水咒語一類的事對他加以神化。其實，中國歷史上那些著名的道家人物大多精通醫術，葛洪、陶弘景等人還留下了不少珍貴的醫學著作，他們為人治病是很平常的事，不足為奇。

（二）許遜的道教活動

與吳猛相關的道教人物是許遜。

許遜，字敬之，本汝南（今河南汝南縣）人。祖琰、父肅，世慕道教。東漢末，群雄割據，中原大亂，其祖避亂徙居豫章，遂為南昌人。遜生七歲而孤，躬耕負薪養母，以孝悌著聞。「與寡嫂共田桑，推讓好者，自取其荒，不營榮利。母嘗譴之曰：『如此當乞食無處。』遜笑與母曰：『但願老母壽耳。』」年青時

25　劉義慶《幽明錄》，載《漢魏六朝筆記小說大觀》，第704頁。

喜歡打獵，一日入山射鹿，鹿胎從弩箭瘡中流出，墮落於地，母鹿舐其子，未竟而死。遂愴然感悟，折弩而歸，從此不再打獵，「勵志博學，於天文、地理、陰陽、律曆、緯候之書，靡不貫通，尤嗜神仙修煉之術」[26]。聞吳猛學道能通靈達聖，年二十，拜吳猛為師，傳《三清法要》。後被郡裡舉為孝廉，不就；接著起為蜀郡旌陽（今湖北枝江縣）令，史籍記載說：

視事之初，誡胥吏去貪鄙，除煩細，脫囚系，悉開諭以道，吏民悅服，咸願自新。發摘如神，吏不敢欺。其聽訟必先教以忠孝、慈仁、忍讓、勤儉，近賢遠佞，去貪戢暴，具載文誡言甚詳。悉複患百里之遠難於戶曉，乃擇秀民之有德望、與耆老之可語者，委之勸率，故爭競之風日銷，久而至於無訟。[27]

與此同時，他還儘量減輕人民的租稅負擔，領導抗災救災，組織發展生產，使得社會安定，人民安居樂業。因此，他在當地吏民中具有崇高的威望，人稱許旌陽。不久，東晉內亂，棄官東歸，隨吳猛遊歷江湖，傳播道術。時值鄱陽湖區常為洪水所害，他率民治理，足跡遍及湖區各地，成效顯著，使得民物一時安堵，贏得了人民的景仰。從此，在贛北、贛中民間廣泛流傳著許

26　清・王謨《豫章十代文獻略》卷三七《道家許遜傳》，乾隆三十九年刊本。

27　《豫章十代文獻略》卷三七《道家許遜傳》引《真仙通鑒》。

旌陽斬蛟治水的故事，他成了治水的英雄人物。史稱：

　　自東晉亂離，江左頻擾。遜所居處，環百里餘，盜賊不入，
閭裡晏安，年穀屢登，人無災害。其福被生靈，民莫知其所以然
也。[28]

　　許遜死後，各地修建了不少祭祀、紀念他的道觀。北宋尊他
為「神功妙濟真君」，因又稱為「許真君」。據傳，許真君以東
晉孝武帝甯康二年（374年）八月一日，於洪州西山舉家四十二
口，拔宅升仙而去。鄉人就在他升仙的地方建立遊帷觀，後改名
玉隆萬壽宮，這是紀念許遜最早的宮觀。玉隆萬壽宮又名西山許
仙祠，自東晉孝武帝甯康二年修建後，至今已有一千六百多年的
悠久歷史。據統計，晉代在江西各地建立的道觀不下五十二所，
其中祭祀許真君或與其遺跡有關的即達十三所，如建於南昌蓼子
洲（今百花洲西南）的妙濟觀，觀右有許旌陽咒劍丹井；建於青
山湖口的丹霞觀，有旌陽丹井，內有鐵柱；建於劍湖南側的招仙
觀，相傳旌陽斬蛟曾磨劍於此，故湖曰劍湖，洲曰磨劍洲。

　　晉代以後，在江西各地陸續修建了許多萬壽宮。據調查，今
江西境內的萬壽宮約有六○○所左右，已經查到的就有五八○多
所。後來，隨著江西的大量移民和贛商的足跡遍於四面八方，萬
壽宮（或稱許真君廟、旌陽宮、江西會館、豫章會館等）也逐漸

傳佈到全國各地（包括臺灣），甚至傳佈到東南亞一帶。據初步統計，明清時期，省外萬壽宮約有七二〇多座，已查出的有六七〇多座。至今，江西人們仍在懷念他，南昌附近的一些旅遊景點建有「許遜鎖蛟」的大型雕像，令人肅然起敬。

（三）幸靈的活動

晉代的幸靈，則是為人治病最著名的道家人物。

幸靈，豫章建昌（今永修縣西南）人。性情沉穩，少言寡語。他堅持萬物各有其欲的觀點。父母曾要他看守稻田，群牛食稻，靈見而不驅，待牛吃飽離開後，才去清理殘亂的禾稻。父母很生氣，他卻說：「夫萬物生天地之間，各欲得食。牛方食，奈何驅之！」其父愈怒曰：「即如汝言，複用理壞者何為？」靈曰：「此稻又欲得其性，牛自犯之，靈可以不收乎！」[29]

學道以後，他長年替人治病。有龔仲儒女，患病多年，氣息奄奄，「靈使以水含之，已而強起，應時大愈」。呂猗母皇氏得痿痹病（即癱瘓症），靈為之治療。「去皇氏數尺而坐，冥目寂然，有頃，顧謂猗曰：『扶夫人令起。』猗曰：『老人得病累年，奈何可倉促起邪？』靈曰：『但試扶起。』於是兩人夾扶以立。少選，靈又令去扶，即能自行，由此遂愈。」皇氏自感病得太久，擔心舊病復發，靈留下一罐水，讓她定時服用。皇氏每取一次水，則以新水補足，如此堅持二十餘年，水清如新，病也不再

29　《晉書》卷九五《藝術幸靈傳》，第 2483 頁。以下引文皆見本傳，不另注。

復發。從此以後，幸靈名聲遠揚，百姓奔赴如雲，紛紛請他治病。

十餘年間，幸靈救治的病人極多，然不取報謝。他行不騎乘，長不娶妻，對人恭敬備致，見人即先拜，言則自稱姓名。作為醫者，他極富同情憐憫之心，「凡草木之夭傷於山林者，必起理之；器物之傾倒於途者，必舉正之。」他反對把人變為奴婢，主張將所有奴婢釋放，對江州各郡縣的士人說：「天地之於人、物，一也，咸欲不失其情性，奈何制服人以為奴婢乎！諸君若欲享多福以保性命，可悉免遣之。」但幸靈的優良品德不能有始有終地保持下去，後乃娶妻子，蓄車馬奴婢，受人貨賂，醫術也逐漸衰退，療效得失相半。

（四）陸修靜對天師道的整頓與改革

南朝時期，南天師道的代表人物是陸修靜（見扉頁插圖）。

陸修靜（406-477 年），字元德，吳興東遷（今浙江吳興縣）人。三國東吳丞相陸凱後裔，世為著姓。幼習儒書，博通文籍，旁究象緯，尤喜道術。「研精玉書，稽仙聖奧旨。……勤而行之，不舍寤寐。聞異人所在，不遠千里而造之」[30]。及長，拋妻別子，入山修道。初隱雲夢山，繼隱仙都山。為了搜集道書，尋訪仙蹤，遍游名山，南至衡、熊、湘暨九嶷、羅浮，西至巫峽、峨眉，名聲逐漸遠播。劉宋元嘉（424-453 年）末，市藥於京師

30 　清・董誥等編《全唐文》卷九二六・吳筠《簡寂先生陸君碑》，第 10冊，第 9659 頁，中華書局影印本。

建康，宋文帝欽其道風，使左僕射徐湛之召入宮中，論道說法，不舍晝夜，帝尊異之。太后王氏雅信黃老，降母后之尊，執門徒之禮。後因避太初之難（453 年，太子劉劭弒父自立，建號太初），遂拂衣南遊。廬山眾峰干霄，飛流注壑，窈窕幽藹的勝景吸引住他，遂卜居廬山，於宋孝武帝大明五年（461 年）在廬山東南麓瀑布岩下建立太虛觀，隱居修道。泰始三年（467 年），受宋明帝屢詔固請，再赴建康。明帝躬親問道，禮遇甚厚，並特意在北郊天印山築崇虛館讓他居住修道。宋後廢帝元徽五年（477 年），陸修靜逝世，享年七十有二。諡曰簡寂先生。取「止煩曰簡，遠囂在寂」的意思。詔以其廬山舊居曰簡寂觀。他的遺體被徒弟們從建康運回廬山，安葬於布袋崖，其墓地也因此而稱為布袋崖。

簡寂觀因年代久遠，早已毀壞，然遺跡猶存。觀內有陸修靜的演經禮鬥石，傳說他在石上留下的履跡斑斑可見。觀後有放生池、浮來石、搗藥臼、聽松亭等遺址。聽松亭是因紀念陸修靜種植松樹而得名，這些松樹至清代還存在。「龍鱗雪幹，蔽日干霄」，「偃者拂地，聳者入雲，虯枝古幹，圖畫所不能寫」[31]。一千多年來，一直是廬山的勝景之一。

有關陸修靜的其他傳說很多，如說他所種苦竹，長出的筍，其味略甜；而歸宗寺醃的鹹菜，其味反淡。於是廬山寺觀中傳言道：「簡寂觀中甜苦竹，歸宗寺裡淡鹹菜。」筍菜變味，應與廬

31　見清・潘耒《遊廬山記》，吳闡思《匡廬紀遊》。

山水土有關，但這裡卻具有揚道抑佛的意思。

針對南朝初期天師道出現組織混亂、科律廢弛的嚴重局面，陸修靜適應形勢的需要，著手對天師道進行整頓和改革。其措施主要包括以下兩個方面：

一是整頓組織系統，建立「三會日」等制度。早期五斗米道的基本特徵是「立治置職」，即由兼具道師和官吏雙重身份的道官、祭酒以管理道民，實行政教合一的統治。為了加強道官、道民之間的統屬關係，陸修靜相應地建立了三會日制度、宅錄製度、繳納命信制度等一套管理制度。三會日制度規定：凡三會之日[32]，每個道民都必須到本師治所去進行各種宗教活動，如考核功過、受符籙契令、齋戒賞會等。所謂「宅錄」，類似後世的戶口名簿，即民眾入道，須把全家的男女口數登記於冊，名曰「宅錄」。以後凡有人口增減變動，均須赴本師治所進行登記或註銷。這樣做的目的，是為了使道教組織能及時準確地掌握自己所統的道眾，以便對道眾進行有效管理。所謂「命信」，即敬神的信物。道民憑宅錄向道教組織繳納命信，道教組織即派守宅之官予以保護，這也是道教組織管理道民的一種重要方法。

二是建立、完善道教齋醮儀軌。早期民間道教雖有一些道戒，但很不完善。陸修靜在吸取佛教戒律的基礎上，根據道教的特點，制訂出全套完整的道教齋儀，即九等齋十二法的齋醮體系。所謂齋，是指在幽室中閉門思神籙氣、習法登階之類；法是

32　三會日，是指每年正月七日、七月七日、十月五日實行三會。

指戒規、戒律，是道教徒用來約束自己的紀律。在九等齋中，以上清齋法為上品，天師道舊齋法為下品。施行齋法時有具體的儀式，道士在日常修行，或為人祈福禳災、治病救度、超度亡靈時，都要遵守齋法規定的程序。為了強調齋法的重要性，陸修靜一方面身體力行，親率道士進行齋法實踐；另一方面，對齋儀的重要性進行理論解釋，將齋法作為求道之本。從而使得道教齋法不僅有了系統的儀式規範，而且在理論上日益成熟。

此外，陸修靜還對道教經典進行了系統的整理，編纂出《三洞經書目錄》。魏晉以來，隨著道教的流行，大批道教經典應運而生，豐富了道教的教義，但同時也出現了濫造現象，不利於道教的發展。陸修靜不辭辛勞，遍遊名山，廣泛收集各種道經，經過三十多年的努力，考證源流，辨別真偽，分門別類，完成了道教經典的整理工作。他將道書分為「三洞」（即《洞真上清經》、《洞玄靈寶經》、《洞神三皇經》）、「四輔」（即《太玄經》、《太平經》、《太清經》、《正一經》），其中「三洞」經典是道教的主經，分為十二類；「四輔」經則是對「三洞」的闡述和補充。在此基礎上，於泰始七年（471 年）完成了《三洞經書目錄》的編纂。該書共一二二八卷，是我國道教經典的第一部目錄專著，不僅為道教的發展提供了有利條件，而且為後來《道藏》一書的編纂奠定了基礎。

在整理的同時，陸修靜還編纂了很多道經。先後撰有《道德經雜說》、《靈寶經目序》、《升元步虛章》、《靈寶步虛詞》、《步虛洞章》、《明法論》、《自然因緣論》等各一卷，以及《金籙齋儀》、《玉籙齋儀》、《九幽齋儀》、《解考齋儀》、《塗炭齋儀》等

著作。可惜這些著作今已大多失傳。

第二節 ▶ 崇儒興學風氣的形成

一 儒家經學文化的廣泛傳播

自從西漢武帝採納了大儒董仲舒的建議，實行「罷黜百家，獨尊儒術」後，儒家經學便成為占統治地位的思想意識形態。但漢武帝獨尊的是一種新儒學，它與先秦儒家大不相同，最明顯的區別是披上了一層神秘的外衣。董仲舒提出了「天人感應」說和「君權神授」說等著名唯心主義理論，把天解釋為至高無上的神，把人君說成是天之子，天子是代表天來進行統治的，所以皇帝的統治是永恆的，「天不變道亦不變」，人民不能反抗，否則便會得罪於天，天就要降下災禍予以懲罰。這種神學經學完全是為西漢統治服務的。

東漢建立後，劉秀大力提倡讖緯迷信，使儒家經學更加神秘化。建初四年（79 年），漢章帝於白虎觀會議後，命班固寫成《白虎通義》一書，把儒家經學同陰陽五行、讖緯迷信緊密結合起來，廣泛地解釋自然界、各種社會現象、政治制度及一切道德規範，使神學經學更加理論化、系統化，成為當時一部法典。隨著東漢帝國的逐步崩潰，神學經學便失去了往日的神聖光環而變得黯然失色，再也起不到欺騙和束縛人民的作用，它的獨尊地位喪失了。

曹魏時，玄學開始取代儒學而成為主要的社會思潮。玄學導

源於老子、莊子，由《老子》、《莊子》、《周易》三書構成，號稱三玄，是儒、道結合的產物。何晏、王弼首開其端，他們的核心思想是「貴無」、「無為」，以為「天地萬物皆以『無』為本」，把「無」看成是宇宙萬物的「本體」，是萬物的創造主。繼何、王之後，是魏晉之際以阮籍、嵇康為首的「竹林七賢」。阮、嵇發展了「貴無」思想，崇尚自然，反對名教。阮籍譏諷禮法之士猶如褲縫中的蝨子，「行不敢離縫際，動不敢出褲襠」；一個個想做大官，「上欲圖三公，下不失為九州牧」。常常翻著白眼對待他們。甚至公開咒罵封建禮教：「汝君子之禮法，誠天下殘賊亂為、死亡之術耳！」[33]他認為「君立而虐生，臣設而賊生，坐制禮法，束縛下民」，統治階級無故制定了禮法，目的是為了束縛人民。嵇康則公開宣稱：「老子、莊子，吾之師也。」他「輕賤唐虞而笑大禹」、「又每非湯武而薄周孔」，指斥「（儒家）六經未必為太陽」，不學六經「未必為長夜」[34]。進而對儒家的經典、禮儀進行辛辣的諷刺，他說：一看到儒家的文章典籍，就會使人眼睛發花；按儒家禮儀作揖跪拜，就會駝背；穿上儒家的朝服，身子就會抽筋；談論儒家禮儀典章，會長蟲牙。所以這些東西全該拋棄。

西晉一朝，玄風更盛。以尚書令王衍、河南尹樂廣為首的風

33　阮籍《大人先生傳》，載《全上古三代秦漢三國六朝義》，第 1315 頁。

34　嵇康《卜疑》、《與山巨源絕交書》，載《全上古三代秦漢三國六朝文》，第 1321、1322 頁。

流名士皆醉心清談，朝野之人爭相慕效，一大批名士應運而生，其中最著者有所謂「四友」、「八達」[35]。這些高官顯宦竟日清談，甚者去巾幘，脫衣服，露醜態，同禽獸，終於導致亡國。

東晉玄學一枝獨秀，主軸當政的王導、庾亮、桓溫、謝安等人，無一不是清談名流。不過他們的共同傾向卻是「遵儒家之教，履道家之言」，雖出入玄儒，然立身行事仍以儒學為準繩，涉入玄風而又不自囿於玄。由於受西晉玄風的影響，仍有不少官僚名士，「居官無官官之事，處事無事事之心」。在玄學的猛烈衝擊下，「魏、晉浮蕩，儒教淪歇，公卿士庶，罕通經業矣」[36]。

當玄學氾濫、儒學式微之際，江州雖也受到一定程度的影響，但崇儒的氛圍仍然較濃，儒家經學文化在各郡繼續得到廣泛傳播。豫章、鄱陽等郡的多任太守都很重視儒學，如顧邵、孔沖、虞溥、范甯、張緬等人。他們在任期間，或大興學校，廣招生徒，傳授儒家《五經》；或親自講授儒家經典，使豫章、鄱陽一帶崇儒讀經蔚為風氣。

東吳豫章太守顧邵，上任伊始，祭掃徐孺子之墓；對於「小吏資質佳者，則令就學，擇其先進，擢為右職，舉善以教，風化大行」[37]。在任五年，卒於豫章。

35　王澄、王敦、庾敳、胡毋輔之4人皆為王衍所昵，號「四友」；阮放、畢卓、羊曼、桓彝、阮孚、光逸、胡毋輔之8人皆以放任為達，稱「八達」。

36　《陳書》卷三三《儒林傳》前論。

37　《三國志》卷五二《吳書‧顧雍傳子邵附傳》，第1229頁。

西晉鄱陽內史虞溥、東晉豫章太守范甯在郡大興學校，成就卓著。

西晉豫章太守、會稽人孔沖在郡興學，生徒來自四面八方，並親自授業。史稱：「許孜，東陽吳寧（今浙江金華）人。孝友恭讓，敏而好學。年二十，師事豫章太守會稽孔沖，受《詩》、《書》、《禮》、《易》及《孝經》、《論語》。學竟，還鄉里。」[38]

梁大同五年（539年），張綰出為豫章內史，也在郡內設學講授，「四姓衣冠士子聽者常數百人」[39]。

一些儒家學者也紛紛來到江州講學，在他們的影響下，江州人士都愛好經學。東晉的范宣、蕭梁的太史叔明是其中最突出的代表。

范宣一生以講授為事，為豫章培養了不少儒學人才。

太史叔明，吳興烏程（今浙江吳興縣）人，東吳大將太史慈的後裔。「少善莊、老，兼治《孝經》、《禮記》，其三玄尤精解，當世冠絕，每講說，聽者常五百人」。他是個以儒為主、儒玄兼修的人物，故《梁書》將他列入《儒林傳》。邵陵王蕭綸愛其有學問，大同三年（537年）正月，二為江州刺史，乃攜叔明之鎮。六年二月，蕭倫遷郢州刺史，叔明又隨府。「所至則講學，江外人士皆傳其學焉」。[40]太史叔明隨蕭倫在江州前後達三年之

38　《晉書》卷八八《孝友許孜傳》，第2279頁。
39　《梁書》卷三四《張緬傳弟綰附傳》，第504頁。
40　《梁書》卷八四《儒林太史叔明傳》，第679頁。

久，其間講學不輟，對江州經學文化的傳播作出了一定的貢獻。

二　虞溥、二范大興崇儒興學之風

魏晉南朝時期，在江西崇儒興學最著者，當推虞溥、范宣、范寧三人。

西晉虞溥是在江西地區最早興辦官學而又最有成效的人。

虞溥，字允源，高平昌邑（今山東巨野東南）人。父秘，為偏將軍，鎮隴西。溥隨父至任所，專心攻讀文籍，對疆場閱武之事，從不過目。不久，被郡察舉為孝廉，除郎中，補尚書都令史。尚書令衛瓘、尚書褚略都很器重他。繼遷公車司馬令，除鄱陽內史（職同太守）。在郡「大修庠序（學校），廣招學徒」，向所屬各縣下發文告，宣傳辦學的意義。文告中說：

> 學所以定情理性而積眾善者也。情定於內而行成於外，積善於心而名顯於教，故中人之性隨教而移，善積則習與性成。……今四海一統，萬里同軌，熙熙兆庶，咸休息乎太和之中，宜崇尚道素，廣開學業。

虞溥表示，自己辦學的目的，是要通過教育來培養人們善良的思想品德，認為現在全國統一了，天下太平，正是大辦教育的好時機。在他的宣傳下，一時受學者七百餘人。對於來自各縣的生徒，虞溥又作文誥教育和鼓勵他們勤奮求學。他說：諸生皆冠帶之人，年輕志盛，剛進入學校，講修經典，這是成大業、立大德的基礎。

他主張學生要勤學苦練，這樣就會「所觀彌廣，所習彌多，日聞所不聞，日見所不見，然後心開意朗，敬業樂群」。學習有所成就，自然就會發生興趣。

他又主張學生要立志，學習要持之以恆。「夫學者不患才不及，而患志不立，故曰希驥之馬，亦驥之乘，希顏之徒，亦顏之倫也。又曰契而舍之，朽木不知；契而不舍，金石可虧。」

他還主張為學在於日積月累。「積一勺以成江河，累微塵以成峻極，匪志匪勤，理無由濟也。」他要求學生在「口誦聖人之典」的同時，要好好體會這些訓示，「比及三年，可以小成」，日後名聲就會越來越大，「朋友欽而樂之，朝士敬而歎之。於是州郡交辟，擇官而仕，不亦美乎」[41]可見，虞溥辦學的根本目的是為了讓更多的學生成名，將來「擇官而仕」，更好地為西晉統治者服務。不過，他辦學的許多方法和經驗還是值得後人借鑒的。

虞溥辦學，轟動一時，對於鄱陽地區來說，學校盛況尤為空前，它又直接影響到後來的發展。

虞溥學問淵博，精通經傳史籍。除大力辦學外，還注《春秋經》、《左傳》，並撰《江表傳》及文章詩賦數十篇。《江表傳》是研究三國歷史，尤其是東吳史的珍貴史料。後卒於洛陽，時年六十二。

東晉初，范宣在豫章聚徒講學，卓有成效。

范宣，字宣子，陳留（今河南開封市東）人。從小好學，年

41　《晉書》卷八二《虞溥傳》，第 2139-2140 頁。

十歲，能誦《詩》、《書》，常手不釋卷，以夜繼日，遂博覽群書，尤善《三禮》。東晉初徙家於豫章，太守殷羨見到他的茅草屋頂很破舊，想為他改宅，范宣堅決辭絕。庾爰之以宣素貧，加上荒年疾疫，厚餉給之，宣又不受。

范宣重視儒學，不談老、莊，對魏「正始（240-249 年）以來，世尚老莊。逮晉之初，競以裸裎為高」的社會風氣表示反對。雖閒居貧困，常以講誦為業。譙國（今安徽亳縣）戴逵等許多學者「皆聞風宗仰，自遠而至」，都來向他求教。以至「諷誦之聲，有若齊魯」。

范宣一生拒絕做官，隱居教授，以學業為務，對促進民間學術與文化的發展，作出了有益的貢獻。

繼范宣之後，「太元（376-396 年）中，順陽范甯為豫章太守，甯亦儒博通綜，在郡立鄉校，教授恒數百人。由是江州人士並好經學，化二范之風也」[42]。儒家經學文化在江西地區得以盛行，主要應歸功於范宣與范甯。

范甯（339-401 年），字武子，南陽郡順陽縣（今河南南陽縣）人。出身於士族家庭，其父范汪，曾任東陽（今浙江金華）太守，在郡大興學校，甚有惠政，累官至徐、兗二州刺史。范甯從小專心好學，多所通覽。當時社會上崇尚老莊，奢談玄學，蔑視儒家禮法，他認為「其源始於何晏、王弼，兩人之罪深於桀紂」。他主張「崇儒抑俗」，並撰文說：

---

42 《晉書》卷九一《儒林范宣傳》，第 2360 頁。

王、何蔑棄典文，不遵禮度，遊辭浮說。波蕩後生，飾華言以翳實，騁繁文以惑世。……吾固以為一世之禍輕，歷代之罪重，自喪之釁小，迷眾之愆大也。

范甯正直敢言的為人，遭到了權臣桓溫的排斥。及桓溫卒後，甯康元年（373 年），始出仕為余杭令。「在縣興學校，養生徒，潔己修禮，志行之士莫不宗之。期年之後，風化大行。」在職六年，遷臨淮太守，拜中書侍郎，指斥朝士，直言無諱。

太元十四年（389 年）十一月，范甯遭到佞臣王國寶與琅邪王司馬道子的詆毀和排斥，出為豫章太守。上任前夕，他向晉孝武帝上疏陳述時政，主張減輕賦役，實行土斷，裁併郡縣，節制對地方長官的送故迎新，禁止任意讓百姓服兵役，提高服役年齡。

來到南昌之後，「在郡大設庠序，遣人往交州采磬石，以供學用，改革舊制，不拘常憲。遠近至者千餘人，資給眾費，一出私祿。並取郡四姓子弟，皆充學生，課讀《五經》。」又起學台，將全郡的教育辦得有聲有色。豫章郡出現如此大的辦學規模，是前所未有的盛況。為了辦好學校，上千學生的各項費用，竟然全由私俸祿供給，這在江西歷史上也是絕無僅有的事。為此，史家評述說：晉「自中興以來，崇學敦教，未有如甯者也。」[43]宋代無名氏《豫章續志》作《范武子贊》，對其反對玄學清談、興學重教也給予高度評價，贊云：

43　上引史料見《晉書》卷七五《范甯傳》，第 1984-1988 頁。

武子名家，好學多聞。進不附勢，見抑於溫。弼晏崇虛，蔑棄典文。禍深桀紂，乃坐清言。我辭辟之，既塞亂源。言以述志，位以行道。粵自為邑，亟興學校。暨登牧守，益明孔教。俗尚禮樂，人知忠孝。志與道行，世推儒效。

他還改建南昌城牆。郡城先有六門，范寧全部改建重樓，增開兩門，合為八門，方便出入。與此同時，他又勤於為政，派遣十五議曹下到所屬縣城，察訪民情，瞭解各縣官吏為政情況，並經常向休假還府的屬吏訊問官長得失，以加強對全郡的治理。

正當范甯在南昌大力興學重教之時，江州刺史王凝之卻上奏朝廷，指斥他出宰名郡而肆意奢華，私增城門，浪費民力，自置家廟等等。范寧因此被免官。晉孝武帝以其一心在於辦學，並未加罪於他，不久被赦免。免官後，范甯家於丹楊（今屬南京市），猶勤於經學，終年不輟。著《春秋穀梁傳例》一卷、《春秋穀梁傳集解》十二卷，其義精審，為世所重。隆安五年（401年）卒於家，享年六十三。

三 「翟家四世」和「尋陽三隱」

西晉末年，發生了永嘉大亂，時局動盪，干戈相尋，民不聊生。與此同時，玄學盛行。不少讀書人和士大夫為逃避亂世、保全性命而厭棄仕途，不願過問世事，借隱居以終其身。晉、宋期間，隱居廬山的著名隱士有所謂「翟家四世」和「尋陽三隱」，他們在儒學、佛學、玄學諸方面都是較有影響的江州人物。

「翟家四世」是指隱跡廬山的翟湯、翟莊、翟矯、翟法賜一

家四代。

翟湯（約272-344年），字道淵，尋陽柴桑人。為人敦厚純樸，仁讓廉潔。然不問世事，常耕而後食，人有饋贈，雖鬥升一無所受，名德聞於遠近。寇盜畏其名，皆不敢犯，鄉人都依賴他。他不求仕進，性愛山水。東晉初，司徒王導征辟他為官，辭不就，隱居廬山。始安太守干寶與翟湯世交甚厚，有通家之誼，見其清貧，特派人給他送去一船貨物，並叮囑下吏說：「翟公廉讓，卿致書訖，便委船還。」[44]翟湯無法送回船貨，只得將貨物變賣，換成絹帛，然後寄還干寶，干寶深為嘆服。咸康（335-342年）中，征西大將軍庾亮上疏推薦他，成帝征之為國子博士（國家最高學府教官），湯又婉辭不受。

翟湯雖隱跡山林，不問世事，卻十分關心國家的統一大業。建元初（343年），安西將軍、荊州刺史庾翼舉兵北伐，征討後趙石虎，大批徵發境內的僮僕、賓客當兵服役，特下令主管官吏免除翟湯的調役。翟湯聞知北伐，立即將家中僅有的幾個僕隸悉數交給鄉吏，鄉吏奉命不敢受。翟湯根據調役期限，又及時將僕隸放免，使之成為國家編戶，向官府納稅服役。翟湯的名德再次聞于朝廷，康帝又征辟他為散騎常侍（皇帝侍從，居官三品），湯以老疾為由堅辭不受。不久，卒於家，享年七十有三。

湯子莊，字祖休。從小以孝悌友愛著名，遵父節操，不交人物，耕而後食，語不及俗，惟以弋釣為事。及長，不再打獵。有

---

44 《晉書》卷九四《隱逸翟湯傳》，第2445頁。

人問他：「漁獵同是害生之事，而先生止去其一，何哉？」莊答曰：「獵自我，釣自物，未能頓盡，故先節其甚者。且夫貪餌吞鉤，豈我哉！」[45]時人以為知言。晚年也不再魚釣，端居篳門。他一生多次辭絕朝廷和州府的辟命，不肯出來做官。年五十六，卒於家。

莊子矯，也有高操，隱居廬山，屢辭辟命。

矯子法賜，學問博洽，也不願做官，州郡、朝廷先後辟舉他為州主簿、右參軍、著作佐郎、員外散騎常侍，一概回絕。他躲到廬山頂峰結茅隱居，喪親後，便不再回家。法賜不食五穀，靠野生植物充饑，以獸皮結草為衣，雖鄉親中表，莫得相見。後老死于岩穀之間，不知年月。

「尋陽三隱」是指隱居廬山的周續之、劉遺民、陶潛。

周續之（377-423 年），字道祖，雁門廣武（今山西代縣）人。其先世避亂南渡，居家豫章建昌（今永修）縣。續之從小很孝悌，八歲喪母，哀戚過於成人，奉兄如事父。豫章太守范甯在郡立學校，招集生徒，不少學生從很遠的地方來南昌入學就讀。續之年十二，詣甯受業。在校數年，通《五經》、《五緯》，號曰十經，名冠諸生，號稱「顏子」（顏子即孔子的大弟子顏回，字子淵，道德學問數第一）。從郡學回家，閑居讀《老子》、《周易》。隨後入廬山東林寺，師事慧遠，學習佛法。他在廬山過著隱居生活，終身不娶妻，布衣蔬食。

45　《晉書》卷九四《隱逸翟湯傳子莊附傳》，第 2445 頁。

續之一生不願做官，但並不與官場斷絕往來。東晉末，豫州刺史劉毅鎮姑孰，任命他為撫軍參軍，又征太學博士，並不應命。「江州刺史每相招請，續之不尚節義，頗從之遊」。劉裕北伐，留世子居守，迎續之至建康，為世子講《禮》，月餘複還山。江州刺史劉柳向劉裕薦舉他，辟為太尉掾，不就職。劉裕禪代稱帝后，「複召之，乃盡室東下。上為開館東郭外，招集生徒」。劉裕親臨館中，「並見諸生，問續之《禮記》『傲不可長』、『與我九齡』、『射於矍圃』三義，辨析精奧，稱為該通」[46]。景平元年（423年），病卒於鐘山，時年四十七。續之精通儒家經典，通《毛詩》六義及禮論，注《公羊傳》，皆傳於世。

劉遺民，本名程之，字仲思，彭城人。入廬山後，改稱遺民，意為國家遺棄之民。他熟悉諸子百家，精通老莊哲學，又傾心佛教。東晉末，曾受到殷仲文、桓玄的賞識，一度做過短時間的柴桑令和府參軍。但他無心官場，因好佛，遂於晉安帝元興二年（403年）十二月，率家人來到廬山西林寺的澗北，開始了隱居生活。前後居山十二年，與東林寺高僧慧遠結下深厚的情誼，與慧遠等人共結白蓮社，堅持淨土信仰，撰寫《發願文》，期生西方淨土。由於他安貧守志，精研玄理，遵守佛教戒律，力求把儒、佛、道三家糅合於一起，並堅持身體力行，因而受到許多崇佛士人的推崇和敬仰。義熙六年（410年），病逝於廬山。

「尋陽三隱」之中，以陶潛的名聲最大、影響最為深遠。

46　《宋書》卷九三《隱逸周續之傳》，第 2280-2281 頁。

陶潛（365-427 年），字淵明。或說他名淵明，字元亮，隱居之後才改名潛。曾著《五柳先生傳》以自比，故自稱五柳先生。尋陽柴桑（今九江市）人。出身於沒落的士族家庭，其曾祖陶侃，官拜東晉太尉、封長沙郡公，位極人臣，死後追贈大司馬。祖父陶茂，做過武昌太守。父陶逸也曾出仕，但很早去世，家境日漸中落。

陶潛生活於晉、宋易代之際，其時的民族矛盾、階級矛盾和統治階級內部矛盾都很尖銳。他少懷高尚之志，以濟天下蒼生為己任，博學善為文章，才華出眾，任真自得，為鄉鄰所敬重。以親老家貧，二十九歲時開始出仕，任江州祭酒（州學官），因不堪吏職，少日即棄官歸家。後又陸續在桓玄、劉裕、劉敬宣手下做過參軍之類地位不高的官職，時隱時仕。

義熙元年（405 年）八月，年四十二，出任彭澤縣令，這是陶潛最後一次做官。上任後，他要將「在縣公田悉令種秫穀，曰：『今吾常醉於酒足矣。』妻子固請種秔（粳稻），乃使一頃五十畝種秫，五十畝種秔」。他一向為人清高，不願巴結上司。郡遣督郵來縣巡察，縣吏要他束帶整衣相見，陶潛歎息道：「吾不能為五斗米折腰，拳拳事鄉里小人邪！」義熙二年，解印綬去官，在任僅八十餘天，並賦《歸去來辭》說：「歸去來兮，田園將蕪，胡不歸？」[47]表明他從此徹底脫離官場，決心過隱居生活。

47　《晉書》卷九四《隱逸陶潛傳》，第 2460 頁。

陶潛歸隱之後，回到廬山南麓的家鄉上京（今玉京山）。其《還舊居詩》云：「疇昔家上京，六載去還歸。」這時，他尚有田宅奴僕，自己「不營生業，家務悉委之兒僕」。所以開始一段時間，生活還算安定，有時也參加一些農業勞動；但更多的時候是去田舍、廬山遊觀，遇酒則飲，飲則必醉；或讀書、吟詩、撫琴、采菊，怡然自得，樂在其中。其妻翟氏，亦柴桑人，與潛志趣相同，「能安苦節，夫耕於前，妻鋤於後」[48]。

義熙四年（408 年）六月，家中失火，廬舍被毀，一家大小暫時棲息船上。其《戊申歲六月中遇火詩》記述說：「正夏長風急，林室頓燒燔。一宅無遺宇，舫舟蔭門前。」後移居栗里（今星子縣溫泉鄉）。加之連年災荒，生活逐漸艱難。

永初元年（420 年），劉裕代晉建宋，邀請他出來做官。但他「自以曾祖晉世宰輔，恥復屈身後代」，不肯出仕。此後，「所著文章，皆題其年月，義熙以前，則書晉氏年號，自永初以來唯雲甲子而已。」表明他對劉宋朝廷的抵制和不合作態度。唐人撰《九江志》詠其事：「先生拂衣歸柴桑，視時富貴猶秕糠。義心恥食易代粟，督郵於我何低昂。」

陶潛晚年身患疾病，腿腳不便，失去勞動能力，因而窮困潦倒，饑寒交迫，有時甚至靠乞食為生。他在誡子書中曾說：「吾年過五十，而窮苦荼毒，以家貧弊，東西遊走。」[49]宋文帝元嘉

48　《豫章十代文獻略》卷四一《列女》，乾隆三十九年刊本。
49　《宋書》卷九三《隱逸陶潛傳》，第 2288-2289 頁。

四年（427年），在貧病交加中離開人世，享年六十三。後諡靖節征士。

陶潛生有五子：儼、俟、佚、份、佟。

陶潛著文十卷，後人編為《陶淵明集》。他在盧山留有陶宅、醉石、濯纓池、五柳館、歸去來館、陶墓等遺址，供人們瞻仰和憑弔。

第三節 ▶ 文學、史學成就及其他

一　著名詩人陶淵明

晉代江西地區發達的學校教育和文化，造就了一代著名詩人陶淵明。

陶淵明一生的文學創作，無論在詩歌、散文還是辭賦等方面都有很高的成就。現存作品大都寫於歸隱之後，有詩一百六十餘首，散文辭賦等十多篇。其中對後世影響最大的是詩歌，分為田園詩和述懷詩兩類。而最為人們所傳誦的大多是歌詠農村景色和村居生活的田園詩，這些詩作情真意切，格調清新，語言簡潔含蓄，富有韻味，與當時氾濫的玄言詩、山水詩形成鮮明對照。田園詩約占詩歌總數的三分之一，故歷來論詩者都把陶淵明看作「田園詩人」或「隱逸詩人」。

陶淵明的田園詩，以樸素的語言，清淡的筆調，深邃的思想，描繪了對優美而寧靜的村居生活的熱愛，對勞動的感受，和對農民的深深同情，反映了詩人歸隱後的歡樂、痛苦和希望。早

在詩人歸隱之前，就已經在詩歌中流露出了對這種生活的嚮往。如《辛丑歲七月赴假還江陵夜行涂口》一詩寫道：

商歌非吾事，依依在耦耕。
投冠旋舊墟，不為好爵縈。

這時，詩人已經出仕過兩次，對官場的醜惡早有深刻的認識，開始感到厭倦，棄官歸隱的念頭醞釀成熟。所以當他銷假赴職之時寫下這首詩，表明自己決心離開官場，回到家鄉過村居生活。歸隱之後，通過躬耕的實踐，這一思想得到進一步的發展，在詩中也表現得更加明確。他的許多傑出代表作，都是歸隱後的產物，其中最著名的是《歸田園居》五首。在第一首中，詩人興奮地寫道：

少無適俗韻，性本愛丘山。
誤落塵網中，一去三十年。
羈鳥戀舊林，池魚思故淵。
開荒南野際，守拙歸園田。
方宅十餘畝，草屋八九間。
榆柳蔭後簷，桃李羅堂前。
曖曖遠人村，依依墟裡煙。
狗吠深巷中，雞鳴桑樹巔。
戶庭無塵雜，虛室有餘閒。
久在樊籠裡，複得返自然。

在詩中，詩人把仕途稱作「塵網」，把官場比作「樊籠」，現在終於衝破樊籠，重返大自然。呈現在詩人眼前的是方宅、草屋、遠村、近煙、狗吠、雞鳴，本來極為平常的村居景物，在他的筆下卻充滿了詩情畫意，毫無矯揉造作，表現了詩人「複得返自然」的喜悅心情。使人讀後感到親切自然，有一種美的享受。

鄉村中恬靜的環境和優美的景色，深深地吸引著詩人。他親自參加農業勞動，閒暇時讀書，歡樂時飲酒，以至暫時忘卻了政治上的失意和生活上的貧困。他在這種簡樸的生活中找到了樂趣，感到自己托身得所，可以超然於污濁的現實之外，堅持自己的志趣和理想。這時他的心情是愉快的。他寫了不少有關勞作的詩篇，來歌唱這種陶然自樂的生活。如《歸田園居》第三首：

種豆南山下，草盛豆苗稀。

晨興理荒穢，帶月荷鋤歸。

道狹草木長，夕露沾我衣。

衣沾不足惜，但使願無為。

從早晨下地鋤草，直到月亮出來才扛著鋤頭回家。詩人不辭辛勞，躬耕自資的精神彌足珍貴。詩中既表現了參加勞動的喜悅，也體現了勞動的艱辛，但詩人的心情是歡快的。在《庚戌歲九月中於西田獲早稻》一詩中，更直接地描述了勞動的艱辛，詩中寫道：

晨出肆微勤，日入負耒還。

山中饒霜露，風氣亦先寒。
田家豈不苦？弗獲辭此難。

又《讀山海經》第一首：

孟夏草木長，繞屋樹扶疏。
眾鳥欣有托，吾亦愛吾廬。
既耕亦已種，時還讀我書。
窮巷隔深轍，頗回故人車。
歡言酌春酒，摘我園中蔬。
微雨從東來，好風與之俱。
泛覽周王傳，流觀山海圖。
俯仰終宇宙，不樂複何如。

初夏之際，草木繁茂，萬物崢嶸。在這美好的時節，詩人耕地、播種、摘菜、讀書、觀圖，其樂無窮。「不樂複何如」，正是這種心情的寫照。

其《飲酒》是典型的述懷詩。第五首寫道：

結廬在人境，而無車馬喧。
問君何能爾，心遠地自偏。
采菊東籬下，悠然見南山。
山氣日夕佳，飛鳥相與還。
此中有真意，欲辯已忘言。

詩人的村居生活是寧靜的，沒有世俗交往的喧擾。他視社會興衰、清濁、功利而不見，置個人窮達、禍福、得失於不顧，反映了心志高遠、不受塵俗干擾的人生態度。「采菊東籬下，悠然見南山」兩句，表現出詩人在大自然面前悠然自得的心理狀態。正是在這一心理狀態下，詩人感到了隱居的樂趣和徹悟人生真諦後的愉悅。

　　他的不少詩歌還描寫了與農民的交往。如《歸田園居》其二：

　　　時複墟曲中，披草共來往。
　　　相見無雜言，但道桑麻長。

又《移居》詩其二寫道：

　　　春秋多佳日，登高賦新詩。
　　　過門更相呼，有酒斟酌之。
　　　農務各自歸，閒暇輒相思。
　　　相思則披衣，言笑無厭時。
　　　此理將不勝，無為忽去茲。
　　　衣食當須紀，力耕不吾欺。

　　這些詩均表現出了詩人與農民的頻繁交往，與鄉鄰的融洽關係。他們過門相呼，有酒共酌，相互思念，言笑自若。「相見無雜言，但道桑麻長」則表達了詩人對家鄉農業豐歉和農民生活的

極大關懷之情。

除詩歌之外，陶淵明的散文和辭賦也很出色，幾乎篇篇都是上乘之作，富有高度的藝術魅力。

散文之中，《桃花源記》是最著名的代表作。文中虛構了一個烏托邦式的世外桃源，這裡桃花夾岸，「中無雜樹，芳草鮮美，落葉繽紛」，風景如畫。進入桃源，但見「土地平曠，屋舍儼然，有良田美池桑竹之屬。阡陌交通，雞犬相聞」。人們「往來種作，男女衣著，悉如外人；黃髮垂髫，並怡然自樂。」他們「不知有漢，無論魏晉」。詩人以極優美而精練的語言，細膩的筆調，把幽美的桃源，描繪得親切逼真，如詩如畫，使讀者宛若身臨其境。文中的美好圖景，和當時人民在封建統治階級的殘酷壓榨之下，被弄得家破人亡的血腥現實形成鮮明的對照，反映了廣大農民要求擺脫殘酷壓迫剝削的善良願望和美好理想，其傑出的思想意義不言而喻。

《五柳先生傳》也是一篇頗具特色的優秀散文。

辭賦則以《歸去來兮辭》最為著名。該賦作於詩人歸隱之初，賦的開頭即表明了決心辭官歸隱的心願：「歸去來兮，田園將蕪胡不歸？」接著，描寫了想像中的歸途景象和還鄉後的生活：「舟遙遙以輕颺，風飄飄而吹衣。……乃瞻衡宇，載欣載奔。童僕歡迎，稚子候門。三徑就荒，松菊猶存。攜幼入室，有酒盈樽。引壺觴以自酌，眄庭柯以怡顏……」全賦語言質樸自然，清新流暢，毫無雕鑿痕跡，抒情色彩濃厚，既有詩意，又富哲理，給人以強烈的感染力，曾被唐宋八大家之一的歐陽修譽為晉代文章中最好的作品。

陶淵明的詩文具有很高的藝術成就。

首先，他的詩文簡潔而含蓄，外表平淡而內容豐富，意境高雅。陶詩都是短短的抒情之作，絕少冗長的描寫，更無空泛的議論。其代表作如《歸田園居》、《飲酒》等都給人一種「言有盡而意無窮」的感覺。南朝詩評家鍾嶸說陶詩「殆無長語」，指的就是這種情形。這是他同時代的許多詩人難以企及的。

隨著生活環境的變化，個人創作的發展，陶淵明後期詩歌開始出現了豪放的風格，創作了一些情緒激昂、金剛怒目式的作品。如《詠荊軻》一詩中，詩人用「雄髮指危冠，猛氣沖長纓」的詩句，來刻畫荊軻及其友人在易水餞別時那種英雄形象。全詩以「惜哉劍術疏，奇功遂不成。其人雖已歿，千載有餘情」結尾，表達了詩人對荊軻失敗的惋惜，對英雄由衷的仰慕。

其次，陶詩技藝高超，風格獨特。詩人無論對田園景物、個人日常生活的描寫，還是對情感世界的刻畫，都善於從普通的景色中發現和捕捉自然美，形諸筆端，成為優美的畫面。如《癸卯歲十二月中作與從弟敬遠》一詩中，用「傾耳無希聲，在目皓已潔」十個字描寫雪景，就把雪的縹緲潔白的形象寫得十分傳神。而《飲酒》詩第五首中的「采菊東籬下，悠然見南山」，更是傳誦千古的名句。陶詩有自己的風格，顯得「平淡」、「自然」，而又獨具匠心。無論是寫景、抒情，使用的都是極精練的語言和平易的詞句，卻顯得栩栩如生。詩人如果沒有駕馭語言的神奇能力，則是無法做到的。

再次，陶詩的藝術成就，還表現在其作品的渾厚與完整上。陶淵明繼承了漢魏詩歌「氣象混沌，難以句摘」的作風，講究通

篇的渾厚，而不去斤斤計較一二句名句。其實他的詩文往往全篇都好，顯不出哪幾句突出。如果說名句，幾乎無處不有。

總的說來，陶淵明的詩文，不論在思想內容還是藝術成就上，都遠遠超出了同時代的許多詩人，在中國文學史上佔有重要的地位。他以自己的創作實踐，突破了當時玄言詩的藩籬，給整個詩壇帶來了清新的空氣。他以自己的村居生活為題材，開田園詩之先河，擴大了詩歌創作的範圍。他以質樸的文風，一改漢賦堆砌辭藻、華麗鋪張的弊病，為詩歌創作開創了一條清新活潑、平淡自然的道路。

作為東晉一代著名詩人的陶淵明，深受後世文人士大夫的愛慕和景仰，其作品對後世產生了重大而深遠的影響。他那高尚的氣節和人格成為後世文人士大夫立身行事的楷模，他的詩文創作也為後世開闢了一片新天地，是中國文學史上最偉大的詩人之一。

但是，在晉宋之際及稍後的南北朝，卻並未引起人們普遍關注和足夠重視。陶淵明去世後，其友人顏延之為之作《陶征士誄》並序，文中側重敘述了他「陳書輟卷，置酒弦琴」的隱士生活，隻字不提他的文學活動，根本不理解其作品的價值。梁代沈約的《宋書》和唐人撰寫的《晉書》、《南史》，也都把他歸入《隱逸傳》，對其文學成就同樣缺乏認識。沈約之後的鐘嶸和蕭統開始注意到陶淵明的創作，但鐘嶸的《詩品》稱其為「古今隱逸詩人之宗」，僅將其作品列入中品，對他的評價還不如當時一些雕章琢句的文人；劉勰的《文心雕龍》則隻字不提陶淵明；蕭統推崇陶淵明率真自得的個性，為其人作傳，為其集作序，在編輯

《文選》時選錄陶淵明的詩文，這算是對陶淵明及其作品較為重視了。但《文選》僅選錄陶淵明的詩文九篇，而選錄謝靈運的詩文則多達四十篇，顏延之的詩文也達十八篇。可見陶淵明及其作品在當時的境遇。

唐以後，陶淵明逐漸引起了人們的重視，他那恬淡質樸的詩風與田園題材對唐代詩人產生了巨大的影響。王維、孟浩然、韋應物、柳宗元四大山水詩人都明顯受到他的薰染，寫下大量的山水田園詩；李白、杜甫都曾從陶詩中吸取過營養。白居易還專門寫出了《效陶潛體詩十六首》，已開始把陶淵明的詩歌當作一種體裁加以效法，說明陶淵明已逐步廣泛地為唐人所接受。

宋以後，陶淵明開始真正地被人們廣泛接受，影響日益巨大。錢鐘書在《談藝錄》二四·陶詩顯晦條說：

淵明文名至宋而極，永叔推《歸去來辭》為晉文獨一，東坡和陶，稱陶為曹、劉、鮑、謝所不及。自是厥後，說詩者幾于萬口同聲，翕然無間。**50**

於是，人們紛紛為陶淵明作年譜、寫評論，為陶詩解讀、注釋，掀起了一個學習、研究陶淵明的熱潮。不少人以陶淵明為榜樣，大力宣導樸素的詩風，如晏殊和梅聖俞論詩時說：

50　錢鐘書《談藝錄》，第 88 頁，中華書局，1984。

甯從陶令野，不取孟郊新。

宋代的許多詞人也在自己的作品中，對陶淵明的人格和詩文大加吟詠。如辛棄疾《鷓鴣天‧讀淵明詩不能去手，戲作小詞以送之》：

晚歲躬耕不怨貧，只雞鬥酒聚比鄰。都無晉宋之間事，自是羲皇以上人。千載後，百篇存。更無一字不清真。若教王謝諸郎在，未抵柴桑陌上塵。

又其《水調歌頭‧賦松菊堂》：

淵明最愛菊，三徑也栽松。

劉克莊《水龍吟》：

平生酷愛淵明，偶然一出歸來早。

黃升《賀新郎》：

柴桑心事君知否。把人間功名富貴，付之塵垢。不肯折腰營口腹，微官不受，一笑歸歟五柳。

凡此種種，不勝枚舉。金代元好問在反對形式主義詩風時

說：

　　君看陶集中，飲酒與歸田。此翁豈作詩，真寫胸中天。天然對雕飾，真贋殊相懸。乃知時世妝，紛綠徒爭憐。枯淡足自樂，勿為虛名牽。[51]

　　直至今日，陶淵明仍然受到人們的景仰，其作品被廣為傳誦。

　　在充分肯定陶淵明及其文學成就的同時，也不應忽視其消極的一面。他那逃避現實、樂天知命的人生態度，曾給後世一些詩人帶來了不良的影響。當有些詩人在政治上失意時，往往以陶詩自遣。如白居易《效陶潛體詩十六首》：

　　篇篇勸我飲，此外無所雲。我從老大來，竊慕其為人。其它不可及，且效醉昏昏。

　　蘇軾欣賞陶詩，也更多偏於消極方面，如其《江神子》：

　　夢中了了醉中醒。只淵明，是前生。走遍人間，依舊卻躬耕。

51　《元遺山詩集箋注》卷二《繼愚軒和黨承旨雪詩四首》其四。

但這種消極影響與積極方面相比，畢竟是極其次要的。

二　史家與史籍

魏晉南北朝時期，江西產生了最早的一批記述地方民情風俗的郡乘邑典。自三國孫吳時徐整撰《豫章舊志》始，其後各地志書修纂不絕，極為繁富。然因兵燹戰亂，王朝更迭，這些志乘毀亡殆盡，現僅能從《隋書・經籍志》、《永樂大典》殘本中看到部分書目，從《水經注》、《世說新語》、《文選》注、《初學記》、《藝文類聚》、《太平御覽》、《太平寰宇記》、《輿地紀勝》等史籍中見到部分內容。雖是斷章殘簡，卻是研究江西早期地方史的寶貴資料。現將有關書目及作者簡介述錄於下：

《豫章舊志》八卷、《豫章烈士傳》三卷，三國東吳徐整撰。

徐整，字文操，豫章人，仕吳為太常卿。熟悉儒家經典，還撰有《毛詩譜》三卷、《詩譜》兩卷、《孝經默注》一卷。

《豫章舊志》三卷，晉熊默撰。

熊默，豫章南昌人，晉會稽太守。

《豫章舊志後撰》一卷，乃續補《豫章舊志》之作，晉熊欣撰。

熊欣，豫章南昌人，仕宦不詳。

《豫章記》（佚卷數）、《尋陽記》兩卷，晉張僧鑒撰。

張僧鑒，南陽人。父須無，徙家尋陽，世為州別駕從事。僧鑒善為文章，其父曾作《九江圖》，具載江州八郡成江者九，僧鑒在此基礎上遂作《尋陽記》。

《江州記》、《鄱陽記》（佚卷數），劉宋劉澄之撰。澄之生

平事蹟不詳。

《豫章記》一卷，劉宋雷次宗撰。

雷次宗（386-448 年），字仲倫，豫章南昌人。劉宋時著名隱士。他刻苦好學，對《三禮》、《毛詩》尤有造詣，不願出仕為官。年二十，入廬山師事慧遠法師，「玩心墳典，勉志勤躬，夜以繼日」[52]。後本州辟為從事，朝廷征為員外散騎侍郎，皆不赴任。元嘉十五年（438 年），被詔至京師建康（今南京），開館於雞籠山，廣招門徒，從學者百餘人，教授儒學。時國子學尚未創立，宋文帝重視學術，使丹楊尹何尚之立玄學，太子率更令何承天立史學，司徒參軍謝元立文學，雷次宗立儒學，並稱四學，一時文風大盛。文帝數次親臨儒學館，對次宗「資給甚厚」，拜他為給事中，婉辭不受。數年之後，還於廬山。臨行前，尚書左僕射何尚之設盛宴為次宗餞行，文士畢集，高朋滿座。元嘉二十五年（448 年），再次受詔至京師，文帝專門為他築室於鐘山西岩下，稱「招隱館」，使為皇太子、諸王講《喪服經》。次宗不願從皇宮正門出入，文帝只好讓他自華林園東門入延賢堂授業。同年卒于鐘山，時年六十有三。

次宗一生淡泊名利，遠離官場，潛心儒學，教授生徒。他培養了許多高徒，如齊高帝蕭道成、高帝長兄衡陽元王蕭道度都是他的門生。他學問淵博，著述甚豐，撰有《豫章記》一卷、《略注喪服經傳》一卷、《毛詩序義》兩卷、《文集》三十卷。其《豫

章記》被《太平御覽》、《太平寰宇記》等史籍廣為徵引，史料價值極高。

其子蕭之，頗傳父業，官至豫章郡丞。著《禮記義疏》三卷。

《江州記》三卷，梁蕭繹撰。

蕭繹（508-554 年），字世誠，小名七符，梁武帝第七子。天監十三年（514 年），封湘東王。普通七年（526 年），出為荊州刺史，鎮江陵。大同六年（540 年），出為都督江州諸軍事、鎮南將軍、江州刺史。太清元年（547 年），二為荊州刺史。侯景之亂後，即位稱帝，是為元帝。承聖三年（554 年），西魏軍攻破江陵，被殺，時年四十七。

蕭繹幼年患眼疾，遂盲一目。這位獨眼皇帝長大後勤奮好學，「博覽群書，下筆成章，出言為論，才辯敏捷，冠絕一時」[53]。一生著述極豐，所著《孝德傳》三十卷、《忠臣傳》三十卷、《丹陽尹傳》十卷、《注漢書》一一五卷、《內典博要》一〇〇卷、《連山》三十卷、《金樓子》十卷、文集五十卷，等等。蕭繹前後任江州刺史七年，對江州的民情風俗十分瞭解，故撰有《江州記》三卷。

《九江記》（佚卷數），晉何晏撰。此何晏非曹魏之何晏，生平事蹟不詳。

《廬山記》，東晉釋慧遠撰。

53　《梁書》卷五《元帝紀》，第 135 頁。

《廬山記》，南朝周景式撰。

周景式，尋陽人，生平事蹟不詳。

《廬山南陵雲精舍記》，亡作者姓名及卷數。

《臨川記》六卷，荀伯之撰。

荀伯之（378-438年），穎川穎陰（今河南許昌市）人。仕晉為著作郎，入宋累官至尚書左丞、太子僕、禦史中丞，出為東陽太守。永初（420-422年）中，任臨川內史，在郡撰《臨川記》。元嘉十五年（438年），卒官，時年六十一。

《安成記》（佚卷數），晉、宋之際王孚撰。

王孚，安成（今安福縣）人。有學業志行，見稱州裡，曾為文學主簿。宋元嘉初卒，贈孝廉。

《南康記》（佚卷數），劉宋鄧德明撰。

鄧德明，南康人，常在豫章向雷次宗學習儒家經典，以學問博洽著稱。其所「著《南康記》，一郡山川奇蹟表識為多，足稱文獻」[54]。是一部價值很高的地方誌書。

除地方誌書外，南齊史學家熊襄著《齊典》，是一部通史體著作。

熊襄，豫章南昌人，生平事蹟不詳。《南齊書》卷五二《檀超傳熊襄附傳》記載極為簡略，附傳稱：熊襄著《齊典》，上起十代，共十卷。其序云：「《尚書·堯典》，謂之《虞書》，則附所述，故通謂之齊，名為《河洛金匱》。」意思是說，他要以《虞

54　《豫章十代文獻略》卷二八《文苑傳》。

書》通堯為範例，往上推十代寫起，一直寫到南齊，故謂之《齊典》。稽考《隋書‧經籍志》和《新唐書‧藝文志》，《隋書‧經籍志二》著錄《齊典》有兩書：一是《齊典》五卷，王逸撰；二是《齊典》十卷，無撰者姓名，實為熊襄撰，疑隋志將著者姓名脫漏。《新唐書‧藝文志》著錄熊襄《十代記》十卷，極為明晰，由此可知，熊襄所撰《齊典》也名《十代記》，共十卷。大約從堯、舜、禹三代寫起，歷夏、商、周、秦、漢、三國、晉、劉宋至南齊，共十代，南齊之前的九代為附述部分，重在敘南齊史事，應是一部通史體史書。熊襄是古代江西有影響的史學家之一，其所著《齊典》是古代江西史家撰寫的第一部通史著作，從而為江西史學作出了一份可貴的貢獻。惜該書後來亡佚，難知其內容。

三 摩崖題刻

1984 年，在江西上猶縣雙溪公社大石門大隊揚屋村北三〇〇米，發現了一處摩崖石刻[55]。

該石刻高出地表一點五米，北臨雙溪河，南靠上猶至雙溪的公路。石刻面北，面積約一平方米，上鐫刻楷書四言十四句詩一首。字跡較清晰，但刻工不佳，字劃纖細，字體前後大小不一，行距及字距均不規整。內容為：

---

55 李坊洪《上猶發現西晉摩崖石刻》，載《江西歷史文物》1984 年第 2 期。

青山翠色，磊落巃嵸。石瀨淺淺，飛龍翩翩。壁立中柱，波濤洶洶。形曰靈龜，羲文是宗。顯千萬世，申錫無窮。蔚起大文，有虞歌風。猗歟勝地，於焉托宗。

建興二年虞書氐書

查閱《中國歷史年代簡表》，歷史上以「建興」為年號者，先後有三國蜀漢劉禪、東吳孫亮、西晉湣帝司馬鄴、十六國成漢李雄、後燕慕容垂及渤海宣王大仁秀等。此外，十六國張氏建立的前涼政權，雖霸河西，卻世執忠順，不負晉室，謹守人臣之節。在位的張寔、張茂、張駿、張重華、張玄靚五世，皆襲用晉湣帝之「建興」年號，時達四十九年之久。直至張天錫執掌朝權後，始奉東晉穆帝「升平」年號。而成漢、前涼、後燕與渤海均是西南、西北及北方的封建割據政權，勢力不可能到達偏遠的贛南地區。從字體的風格看，與三國時流行的隸書不相符合。故該石刻的年代，應以西晉為宜。晉湣帝建興二年即三一四年，距今已有一六〇〇多年的歷史。

全詩主要描寫了上猶一帶優美的自然景色：山上林木茂盛，到處是一片翠色，山勢高大險峻。詩的第三、四句出自《楚辭》屈原《九歌・湘君》：「石瀨兮淺淺，飛龍兮翩翩」，作者借用過來，以說明這裡的河水在枯水季節顯得很淺，水石相搏，水流湍急，飛龍鳥在空中翩翩飛翔。而到洪水季節，則河中柱石壁立，波濤洶湧，其形狀有如靈龜。後幾句主要闡明作者寫作此詩的意圖，是為了讚美這風水勝地。

四言、五言詩是晉代較為流行的詩歌體裁，作者以四言體的

形式，用精練的語言，簡潔的內容，生動而形象地刻畫出了上猶一帶美不勝收的自然景觀，使人讀後，如置身於一幅優美的山水畫圖之中。從全詩內容看出，作者是一位很有文學修養的詩人，此詩應是他旅遊時的即興之作。大約因為該詩寫得好，故虞書虘特意將它書寫下來，並雇人刻於當地崖石之上，以傳後世。至於詩的作者及虞書虘其人其事，則無從稽考。

西晉摩崖題刻在我省尚屬首次發現，它對研究贛南古代文化及我國書法發展的歷史具有重要價值。

第六章——

六朝時期江西的社會
風俗與時尚

社會風俗是人們在長時間裡形成的風氣和習俗。不同的時代，不同的民族、不同的地區，都有自己不同的民俗風情。民風民俗表現在建築、飲食、服飾、婚喪嫁娶、禮儀、歲時節令、娛樂遊戲、民間信仰與宗教活動等各個方面，具有豐富的文化內涵，它反映了不同地區和民族的精神面貌和生活情趣。魏晉南北朝時期，由於社會的巨大變遷，民族的大遷移、大衝突和大融合，儒、佛、道各種文化的相互交融與影響，社會風俗也隨之發生巨大的變化，江西地區也不例外。

本章僅就士人習尚、生活習俗、婚俗與喪儀、民間信仰及畜蠱之風等方面，概述六朝時期江西地區的社會風俗。

第一節 ▶ 士人習尚與民風嬗變

士大夫作為知識階層，是中國古代文化和思想傳承與創新的主要群體，始終活躍於社會上層和知識界。隨著時代的發展，其習尚與精神面貌也為之一變。魏晉南北朝時期，江西士人在儒家思想的薰陶下，重禮義而尚氣節。全境之內，民風也呈現出一定程度的變異，人民純厚質樸，風俗純清。

一 士人重禮義而尚氣節

秦漢之際，江西地區為南服荒裔，知學者少。東漢以來，儒學漸興，始有何湯受《尚書》於沛國桓榮，以才學知名，後教授皇太子；程曾兼通五經，以《嚴氏春秋》教授鄉里；陳重、雷義俱習魯詩、京氏易，唐檀習《韓詩》、《顏氏春秋》，徐穉習《歐

陽尚書》、《顏氏春秋》，各有師承。三國東吳時，徐整又善《毛詩》及《今文孝經》，著書最豐。然此時儒學傳播不廣，學校未興，郡中缺乏良太守予以提倡和勸導，民間猶未能家弦而戶誦，故難以移其風而易其俗。

自晉代始，江西地區儒學大興。西晉鄱陽內史虞溥始建學校，廣招生徒，頒行條制，屬縣至者七百餘人；豫章太守孔沖也興學校，生徒來自四面八方，並親自講授；江州刺史華軼尤重典禮，更置儒林祭酒，專門負責學校教育，以弘揚儒家禮儀，於是風化大行。其後東晉陳留范宣家於豫章，以誦讀為業，譙國戴逵等聞風宗仰，自遠而至，誦讀之聲，有若齊魯。太元年中，豫章太守范甯又立鄉校，取郡中四姓子弟皆充學生，課讀五經，遠近至者千餘人，由是江州人士並好經學，化二范之風也。其最著者，南昌雷次宗精《毛詩》、《三禮》，建昌周續之通五經五緯；而次宗子肅之、續之兄子景遠也傳其業。景遠撰《儀禮》載於《宋書·禮志》，肅之著《禮記義疏》行於世。流風所被，沿及齊梁。梁豫章內史張綰在郡設學教授，四姓衣冠士子聽者常數百人。時又有吳興太守太史叔明，通《孝經》、《論語》，隨邵陵王倫出鎮江州，江州人士盡傳其學。

在儒家思想的薰陶下，士大夫重禮義而尚氣節。豫章等郡之俗，「其人君子尚禮」、「而道教隆洽，亦其風氣所尚也」[1]。清代金谿學者王謨在論及家鄉之風氣時說：

1　《隋書》卷三一《地理志下》，第 887 頁。

嘗聞太史公言，南楚豫章、長沙，其俗大類西楚，好辭巧說，少信。班固《地理志》演其說……吾鄉風氣，學士大夫尚氣節，故其文亦往往激昂跌宕，有楚騷之遺；務質直，故其文無浮華綺靡之習，亦不至於巧而少信。自江左以迄六朝，非無作者，要不能以聱牗為工，若熊中丞（熊遠）、陶太尉（陶侃）諸所敷奏，皆經過遠猷，固不當以雕蟲論；其它湛詺議、熊武昌（遠侄熊鳴鵠）、張長侍、雷通直、喻將作、吳朝請文集亦皆久亡，就令其流傳於世，且未必能與顏（延之）、謝（靈運）、徐（陵）、庾（信）諸公分道揚鑣也。……三百篇後，靖節（陶淵明）最為正聲，非吾鄉人所得私為宗派，且其前有漢李朝作張公德政九章，晉熊甫別王敦歌，皆善學楚辭。而宋齊之際，江州從事吳邁遠尤攻樂府，長於風人贈答，又可為派別也。[2]

王謨從文學的角度，以六朝江西人物為例，以論證家鄉士大夫尚氣節的美德，故其文往往激昂跌宕，有《離騷》之遺風；務質直，故其文無浮華綺靡之習。不至於像司馬遷、班固所說，豫章之俗好辭巧說，缺乏信用。

在文學上如此，在政治上尤為突出。陶淵明不願為五斗米折腰，「翟家四世」累辟不仕，不與官場往來，終身隱居山林，正是士大夫們尚氣節的典範。即使身入官場，一些士人也往往能重義輕生，亡軀殉節，東晉羅企生就是其中最突出的代表。

2　王謨《豫章十代文獻略》卷二八《文苑列傳序》。

羅企生，豫章人。多才藝，初拜佐著作郎，以親老家貧，求補臨汝令，刺史王凝之請為別駕。荊州刺史殷仲堪鎮江陵，引為功曹。及桓玄攻仲堪，仲堪更以企生為諮議參軍。仲堪多疑少決，企生深為之擔憂，對弟遵生說：「殷侯仁而無斷，事必無成。成敗，天也，吾當死生以報之。」仲堪果敗走，手下文武上千人竟無人相送，唯獨企生跟隨。路經家門，遵生緊緊抱住企生不讓走。企生揮淚說：「今日之事，我必死之。汝等奉養不失子道，一門之中有忠與孝，亦複何恨！」遵生抱得愈緊。仲堪於路等候，企生遠遠呼叫：「生死是同，願少見待。」仲堪見企生無法脫身，策馬而去，後竟為桓玄所殺。桓玄至荊州，人士紛紛登門迎接，企生獨不往，而營理仲堪家。有人勸他說：「玄猜忍之性，未能取卿誠節，若遂不詣，禍必至矣。」企生正色道：「我是殷侯吏，見遇以國士，為弟以力見制，遂不我從，不能共殄醜逆，致此奔敗，亦何面目複就桓求生乎！」桓玄聞之大怒，然素待企生厚，於是派人對他說：「若謝（謝罪之意）我，當釋汝。」企生回答：「為殷荊州吏，荊州奔亡，存亡未判，何顏複謝。」桓玄即刻將企生抓起來，派人問他還有什麼話說，企生寧死不屈，並指斥桓玄說：「使君既興晉陽之甲，軍次尋陽，並奉王命，各還所鎮，升壇盟誓，口血未乾，而生奸計。自傷力劣，不能翦滅凶逆，恨死晚也。」[3]玄遂害之，時年三十七，眾人無不傷悼。先前，桓玄曾送給企生母親胡氏一件羔羊皮衣，及企生遇

害，即日焚之。

從羅企生的事蹟中，不難看出豫章士人是如何地捨生取義、忠心事主。在軍閥激烈攘奪的東晉王朝，像羅企生這種重信義、尚氣節的士大夫絕無僅有。

民國八年重修《南昌縣誌》引《府志》敘本土風俗時說：

> 土夷人淳，家尚禮義。詩書之聲，四封相接。士大夫惜名節，恥干謁，鄰居有貴顯者，或終身未嘗往來；仕苟貪婪，轉相唾罵，偶會，多不為禮。雖屠人牧豎，亦知揖讓，而道經傳之語。[4]

正是在濃厚的文化氛圍中，家家養成了尚禮義，而士大夫惜名節的優良風氣，而這種優良風氣又決非一朝一夕所能形成，正是從魏晉以來逐步發展的結果。

二　民風嬗變，風俗澄清

民風是指區域居民在一定的歷史條件和社會背景下，逐步形成的民間風氣。它既是一種社會現象，又是一種帶有普遍性的文化性格。隨著歷史的前進和社會的發展，民風也在不斷發生變化。

自先秦至兩漢，江南民風強悍，民輕悍好鬥，難安易動。

4　民國八年重修《南昌縣誌》卷五六《風土志》，第415頁。

《漢書‧地理志》在談到當時吳地的風俗時說：「其民至今好用劍，輕死易發。」直到東漢末年仍是「江南精兵，北土所難，欲以十卒，當東一人」[5]。《隋書‧地理志》也說：「其人本並習戰，號為天下精兵。俗以五月五日為鬥力之戲，各料強弱相敵，事類講武。」西晉統一全國後，江南民風依舊，晉武帝為安定江南社會秩序，恩威並施，採取了一系列措施，但收效甚微，仍是「竊發為亂者相繼」。古代江西地處「吳頭楚尾」，風俗略與吳同。

然而自東晉以來，江西民風逐漸發生變異，至南朝時，已是「庸庶敦龐，風俗澄清」了。平民百姓一個個敦厚篤實，風俗隨之變得清明。但是敦厚篤實不等於怯懦，當時社會上流行「南人怯懦」的口頭禪，在很大程度上是指門閥士族而言。南朝的門閥士族已趨於腐朽，他們憑藉世資，雖無兵權，卻仍然居於高官顯位，不耕不織，世享尊榮，生活奢華，完全變成了一群既不懂文，也不習武，懦弱無能的社會寄生蟲，他們才是真正的「南人怯懦」者。

由於民風嬗變，豫章各郡人民的興奮點也隨之發生轉移，他們已不再像自己的先輩那樣沽勇好鬥、輕死易發，而是「小人（指勞動人民）勤耕稼」，「俗少爭訟，而尚歌舞」[6]。人民普遍變得樸實、勤勞而富有教養，這是江西社會的進步和文明程度上

5　《三國志》卷六五《吳書‧華覈傳》，第 1467 頁。
6　《隋書》卷三一《地理志下》，第 887 頁。

升的重要標誌之一。

在中國古代，凡是尚武好戰的民族或地區居民，大多數都是文化比較落後，文明程度不高，甚至處於不開化的蒙昧狀態，如匈奴、鮮卑、女真等族。兩晉以前的南方社會，民風強悍，民輕悍好鬥，恰恰從一個側面反映出南方的開發程度不如北方，在文化上與廣大的中原地區尚有較大的差距。

江西民風嬗變有多方面的因素。

首先，應歸功於這一時期教育事業的迅速發展。自兩晉以來，虞溥、范宣、范寧等人相繼在江西各地大辦學校，發展教育，廣泛傳播儒家文化，培養了一批知識人才，影響及於廣大民間，百姓耳濡目染，逐漸養成了讀書知禮的良好風氣。

其次，六朝江西地區雖不乏南渡僑民，但並非門閥士族聚居之地，門閥士族長期養成的腐朽惡習對本地影響甚微。

第三，南朝佛教廣泛流布並深入人心，而佛教提倡行善、戒殺，以「五戒十善」作為基本戒條，這些觀念也在江西民眾中產生了一定的心理影響。

第二節 ▶ 日常生活習俗

飲食與服飾是人們最基本的生活需求。六朝時期的江西各族人民的飲食習俗與衣冠服飾在秦漢的基礎上出現了許多新變化，是江西地區文明發展程度的一個重要標誌。

一　飲食習俗

（一）主食與菜肴

江西的稻作農業有著悠久的歷史，自東吳時起，水稻的栽培技術和稻米產量、品質都有了很大的提高，人們紛紛建立穀倉以儲存稻穀。六朝時期，江西地區仍以稻米為主食。稻有秈稻、粳稻、糯稻之分，人們利用杵臼、踏碓、風車等工具脫去穀殼，加工成大米，或再用石磨將大米磨成米粉。主食的品種主要有飯、粥兩種，還有米糕、米餅等。

這一時期，隨著氣候的轉寒和北方人口的大量南遷，作為北方旱田作物的代表——麥及其他北方農作物也大面積南移。因此，除水稻外，麥、粟、菽、稷等多種農作物在江西地區也開始廣泛種植。麥有大麥、小麥、春麥、冬麥等不同品種；菽是豆類的總稱，有大豆、小豆、紅豆、胡豆、蠶豆、豌豆等不同品種；粟，俗稱小米；稷，別稱粢、稑、穄，古為百穀之長，唐以後又以黍為稷，黍即黃米，形同小米而略大，帶粘性。

麥加工成麵粉後，具有一般糧食所不具備的韌性、色澤和口感，故能製成各種麵食。當時，人們仍沿襲秦漢舊俗，把所有的麵食都稱作餅。如稱籠蒸的麵食為蒸餅，水煮和油炸的稱湯餅（包括麵條），烘烤、烙制的叫爐餅。人們還掌握了麵粉發酵技術，稱發麵為酒溲麵。

三國時，蜀漢丞相諸葛亮還發明了饅首。饅首的發明頗具戲劇性，宋人高承在《事物紀原》中說，諸葛亮南征孟獲時，有人告訴他，蠻人打仗前有殺人用頭祭神的陋習，據說這樣做可以得

到神靈的護佑。諸葛亮不願殺人，就用豬肉、羊肉作餡，用面製成人頭來祭神。祭神後，人們在享受祭品時，發現它非常好吃，於是就流傳開來，並給它起名叫蠻首，後來演變成曼首，直至今天的饅首（饅頭）。不過當時的曼首不是現在的饅頭，而是帶餡的包子。

西晉時，包子製作技術傳遍南北各地，而且越做越小，越做越精，人們把這種小巧的包子稱作「牢丸」。西晉文人束皙專門寫了一首《餅賦》，講的就是一家貴族請人吃牢丸的故事。可見，這時的麵食品種比秦漢時期更加豐富。

菽曾是上古人們的主食之一，魏晉南北朝時期，菽已退居為副食，主要被用作造豉、做醬、製作豆芽和豆腐。晉、宋之際的著名田園詩人陶淵明常把麥、菽、粟等當作詩文的重要寫作素材，如《有會而作》詩寫道：「弱年逢家乏，老至更長饑；麥菽實所羨，孰敢慕甘肥。」《桃花源詩》寫道：「……桑竹垂餘蔭，菽稷隨時藝；春蠶收長絲，秋熟靡王稅。」《歸去來兮辭序》則說：「餘家貧，耕植不足以自給。幼稚盈室，瓶無儲粟。」《歸田園居》詩第一首：「種豆南山下，草盛豆苗稀。」更是人們所熟悉的詩句，豆類就是菽。從中可以看出，六朝時期的江西人民除以稻米為主食外，也較為普遍地食用麥、粟、菽等糧食。

與主食相配合的是菜肴，菜肴更能體現飲食文化的風格。魏晉南北朝時期，是我國現今豐富多彩的菜系的積累和發展時期。

菜肴的構成必須具備三要素：一是主料，二是油料和調料，三是加工方式，其中主要是烹調術。

這一時期，江西地區的菜肴較秦漢時更為豐富。菜肴的主料

分為天然產品和人工加工產品兩大類。

天然產品包括植物類的瓜果蔬菜和動物類的禽畜魚蝦等。瓜果蔬菜的種類甚多，陸生的蔬菜主要有：菘、葵、韭、葑（蔓菁）、菲（蘿蔔）、蕨（苦菜）、萌（竹筍）、蔥、蒜、瓜壺、菌等。菘，俗稱白菜，也呼青菜，根肥，莖白，葉青而圓，故兩呼之，秋末始種，是冬季常見的最好蔬菜，貧家和米煮之，號半糧。葵，土名蘄菜，煮時入米稍煮，味柔而滑。蔥、蒜皆來自西域，原名胡蔥、胡蒜，漢代已有。張華《博物志》稱：「張騫使西域得之，又有胡蒜、澤蒜也。」澤蒜，俗呼為大蒜。北魏賈思勰《齊民要術》記載說：「澤蒜可以香食。」所謂香食，就是在菜肴中加入大蒜會使食物更香。漢以後，蔥蒜傳到南方各地，南方人烹飪時，常將大蒜頭搗碎做成葅（蒜泥）用來調味，更勝蔥、韭。瓜分冬瓜、倭瓜（俗呼北瓜，也稱南瓜）、菜瓜、黃瓜（傳自西域，原名胡瓜）、苦瓜、絲瓜等，當時以壺盧瓜最為常見。水生的菜果有蒲、藻、萍、菱、茭筍（茭白）、蓮藕等。

六朝時期，江西的蓮藕已非常著名，南昌近郊的蓮塘即以佳藕得名。詩人陶淵明在自家的菜園中便種有多種蔬菜瓜果，其詩文多有描述，如《飲酒》詩第一首：「邵生瓜田中，寧似東陵時。」《止酒》詩：「好味止園葵，大歡止稚子。」《讀山海經》詩第一首：「歡然酌春酒，摘我園中蔬。」《酬劉柴桑》詩：「新葵鬱北墉，嘉穟養南疇。」《和郭主簿》詩第一首：「園蔬有餘滋，舊谷猶儲今。」作為田園詩人的陶淵明，只是在飲酒作詩之餘，參加一些力所能及的農業勞動，尚且種有許多蔬菜瓜果，其他農家當更多。

六朝江西勞動人民還總結出一套種植和食用蔬菜瓜果的成功經驗：「冬蔬菘芥，春蔬韭；夏蔬茄莧瓜瓠豆莢，秋蔬芹。冬蔬最珍，夏蔬最夥。菘芥御饑，鹽菜終歲。」

魏晉以來，由於民族的大遷徙、大融合，南、北、東、西之間的經濟文化交流較之前代更加頻繁，蔬菜瓜果的品種更趨多樣化。不僅中原和嶺南地區的許多菜果已在江西各地種植，西北地方的西瓜、胡麻（芝麻）、紫蔥、胡蒜、胡桃（核桃）、胡瓜（黃瓜）、胡豆（蠶豆）等也陸續植根於江西的土壤，大大豐富了人民的生活。

動物類品種也較前代豐富得多。「飯稻羹魚」本是南方人的傳統飲食習俗，江西地區因河湖密佈、港汊縱橫，淡水魚類資源極為豐富，品種繁多，如鯉魚、鯽魚、鱖魚、鰱魚、鱅魚、鯿魚、白魚、青魚、鯇魚（或稱晚魚、草魚）、黃甲魚、銀魚及黃鱔、泥鰍、龜、鱉、蟹、蝦、螺、蚌等，不下數十種之多。由於掌握了多種捕撈方法，如結網、垂釣、以竹籬截河等，人們於農田之暇各攜器取之，即便六七歲小兒也能取魚。因此，六朝時期，魚類仍是江西人民主要的菜肴之一。

豬、羊、狗、雞向為北方人所喜食。魏晉以來，江西各地也大量飼養豬、羊、狗、雞、鴨、鵝等家畜家禽。二十世紀五〇年代以來，江西各市（縣）陸續發掘的上百座六朝墓葬中，隨葬品就有不少是滑石豬、青瓷雞、鴨、鵝及豬、羊圈等明器，說明飼養此類家畜、家禽在江西地區已非常普遍。過去一直被北方人視作的美食，這時也成了江西人民的佳餚。江西各地還盛行養牛，有水牛、黃牛兩種。不過，牛因農耕需要，六朝政權在許多時期

禁止宰牛食用。

總之，六朝時期的江西地區，不再是單一的「飯稻羹魚」，作為菜肴主料來源的蔬菜瓜果和禽畜魚蝦，不斷呈現多樣化、豐富化的趨勢。

油料和調料的品種也在不斷增加。先秦時，菜肴用油僅局限於動物油，稱為膏和脂。漢代以後，人們掌握了榨取各種植物油的技術，如豆油、菜籽油、麻籽油的製作方法。江西盛產豆類、油菜、油茶，漢代以後又開始種植胡麻（芝麻），故六朝時的江西地區除食用動物油外，同時大量食用豆油、菜籽油、茶油等；用胡麻榨的香油，因數量相對較少，主要用來調味。張騫通西域後，從西北引進的植物中有不少是調味品，如胡蔥、胡蒜、茴香等。茴香主要產於北方，江西各地則大量種植胡蔥、胡蒜。

在調味品中，醬和豉是中國古人的發明。先秦時只有肉醬，稱作「醢」。到了漢代，人們學會了用豆制醬的方法，並開始寫作「醬」。魏晉以來，人們制醬的技術日益提高。《齊民要術》中有《作醬法》一章，專門介紹了十三種不同風味醬的做法。豉，古稱「配鹽幽菽」。菽，豆也；幽，密封也。《齊民要術》介紹造豉法，先將豆子蒸熟，再加上鹽等調料，然後置於缸中密封，使之發生反應而製成美味的豉。醋也是重要的調味品。先秦時期，酸味的主要來源是梅。至漢代，人們學會了造醋。北魏時，用穀物制粬釀醋的技術已相當成熟。《齊民要術》中記載有多種制粬造醋法，並開始釀造陳醋。

六朝時期的江西勞動人民也普遍掌握了作醬、制豉、造醋技術。豉分甜豉、汁豉兩種，甜豉即吃豉；汁豉味苦，取汁加於菜

肴中，味道更鮮。江西習俗於七月七日造醋，先將糙米炒枯煮成飯，置蓼[7]其上，再裝於醋甕中蒸之，且日需三搖，否則醋不成。

菜肴的加工方法，通稱烹調術。大部分菜肴加工離不開火，中國烹調術非常講究「火候」，但仍有不少菜肴是生食。

許多瓜果蔬菜都可生食，如黃瓜、菜瓜、薑蒜、蓮藕等。肉類也可生食，切得又薄又細的生肉片，加入調料後可直接食用，古代稱作「膾」。膾的原料範圍包括牛、羊肉和魚肉，而以魚肉為主。魏晉南北朝時期，無論南人、北人都喜食膾。當然南方人更愛吃生魚片，稱作鱠。屬於生食的還有脯臘和菹齏。脯臘是經過醃製風乾處理後的各類肉，吃脯臘時，一般不必再經烹熟，切碎加調料後直接配酒食用即可。菹齏是指各種醃菜，包括肉類和瓜果蔬菜。醃菜加工較為簡單，原料來源較為豐富，故不但是普通百姓的常食之物，而且上層社會的宴席中也多有之，只不過加工粗細程度不同而已。以上食法在江西各地也較為流行。

過火處理是中式菜肴加工的主要手段。先秦時期，菜肴的烹製技術較為簡單，主要有燒烤和蒸煮兩種形式。秦漢以後，隨著植物油的出現，炒、炸、煎、爆等多種烹調技術日臻完善，無論東西南北各地，概莫例外。

7　蓼，一種葉味辛香的草本植物，有水蓼、馬蓼、辣蓼等，花呈淡紅或紅色，古人用來調味。

（二）飲料與果品

魏晉南北朝時期，人們在進食的同時，習慣用羹臛。羹是肉與果菜合煮的湯，臛是肉湯。然而在各類飲品中，最具代表性的是茶和酒。

我國是世界上最早種茶、製茶和飲茶的國家，茶文化源遠流長。我國飲茶始於何時？目前尚無定論，但比較可信的時間應始於漢代。三國時，我國江南地區已普遍地把茶當作飲料，而逐漸養成飲茶的習俗。

前引《三國志》卷六四《吳書·韋曜傳》載孫皓每次舉行宮廷宴會時，常以茶荈當酒。這段史料至少說明如下三個問題：其一，吳主孫皓既能將茶荈密賜韋曜，也必然會賜給其他近臣或後妃、宮人，說明吳國宮廷中備有不少茶葉以供吳帝自用或賜與，善飲茶者大有人在。其二，韋曜作為侍中，備位大臣，又一度得寵，其參與宮宴的次數必多，且一次能飲數升茶水，又不要求密賜其他汁水當酒，說明他嗜茶成性，可作為吳地嗜茶者的代表。其三，宮宴上備有茶水，茶又能代酒，說明當時吳地飲茶已較為流行。由此可知，我國飲茶的歷史應該大大提前，而絕非始於三國時代。北方非產茶之地，其時不大可能有飲茶習慣，目前也無史實可證，如果有人飲茶，大概只是個別、偶然的現象。

兩晉時期，隨著種茶、製茶業的逐步發展，南方飲茶更為普遍，從而形成一種社會風氣。其時，宴會必備茶水已屬司空見慣，不獨社會上層如此，民間也不例外。《世說新語》所載魏晉人物飲茶軼事甚多。東晉大司馬桓溫性節儉，每次設宴只有七盤茶果而已。他手下有位將軍喜歡飲茶，每飲必至一斛二斗，茶量

之大，令人咋舌。在日常交往中，人們常以茶待客，茶開始成為社交的媒介也正是出現在晉代。吳郡陸納招待客人，所設唯茶果而已。大名士王濛不僅自己嗜茶成癖，還常常陪客人痛飲，客人不飲足、飲夠則不許離去，致使造訪的士大夫望而生畏，不免產生「水厄」之怨。

在南方飲茶風氣的影響下，北方嗜茶者也日漸增多。西晉著名文人張載曾作《登成都樓》詩，盛讚巴蜀地區的茶葉：「芳茶冠六清，溢味播九區。」既能寫出如此美妙的茶詩，說明他本人就是一位品茶行家。張載乃安平（今山東益都縣西北）人，其父張收曾任蜀郡太守。太康初年（280 年），他至蜀省親，隨後寫了這首詩。不久回歸故里，以後一直在中原地區為官，直至病卒於家。張載善於品茶，很可能是受蜀人影響的結果。西晉另一著名文人左思在其《嬌女》詩中，生動地刻畫了他的兩個愛女不顧煙薰火燎，用嘴對爐吹火，急等吃茶的情景。詩中寫道：

吾家有嬌女，皎皎頗白皙。小字為紈素，口齒自清歷。鬢髮覆廣額，雙耳似連璧。……其姊字惠芳，面目粲如畫。輕妝喜樓邊，臨鏡忘紡績。……止為茶荈劇，吹噓對鼎立。脂膩漫白袖，煙燻染阿錫。[8]

左思，齊國臨淄（今山東淄博市東北）人，少時閒居故里，

8　南陳・徐陵《玉台新詠》卷二，第 53-54 頁，成都古籍書店影印。

後來其妹左芬入宮，遂移家洛陽，晚年徙居冀州，直至病故。左思一生雖未到過南方，但卻與在洛陽為官的吳郡陸機、陸雲兄弟關係至密。吳人早有飲茶習俗，左思一家愛上茗飲，也難免不受吳人的影響。

值得注意的是，與左思等人結為二十四友的襄城（今河南襄城縣）人杜育還專門寫了一首《荈賦》（也名《香茗賦》），這是我國目前所知的最早的一首茶賦。賦中描述了山谷中茶葉生長和茶農上山採摘的情景：

> 靈山惟嶽，奇產所鍾。……厥生荈草，彌穀被岡，承豐壤之滋潤，受甘露之霄降。月惟初秋，農功少休，結偶同旅，是采是求。[9]

賦中還對烹茶用水、茶具的選擇及茶水的成色作了生動的描述：

> 水則岷方之注，挹彼清流。器擇陶簡，出自東隅。酌之以匏，取式公劉。惟茲初成，沫成華浮。煥若積雪，曄若春敷。

杜育能作《荈賦》，其本人嗜茶和深諳茶道是毋容置疑的。在他結交的二十四友中，既有江南人，如吳郡陸機、陸雲兄弟，

9　嚴可均《全晉文》卷八九，第 1978 頁。

更多的是中原各地人，如渤海石崇、歐陽建，齊國左思，中山劉琨等，他們皆以文才著稱，聚集於權臣賈謐周圍，終日宴飲遊樂，吟詩作賦。聯繫前文所敘吳郡陸氏貫於以茶待客、左思的《嬌女》詩及杜育的《荈賦》，可以推知二十四友常在一起品茗論茶應是情理之中的事，他們極可能個個都是嗜茶者。這說明，晉代中原人士飲茶已非少數，與三國時期相比，不可同日而語。杜育的《荈賦》也應是南北仕人共同切磋茶藝的結果，反映了晉代人飲茶已達到較高的水準。

南北朝時期，飲茶之風繼續蔓延，尤其是南方各地日趨轉盛。

從劉宋王朝起，不獨世俗嗜茶，佛道之徒也開始視茶為日常生活不可或缺的重要內容，他們除自己飲用外，還以上等好茶款待施主、佳賓。宋孝武帝時，豫章王劉子尚、新安王劉子鸞等人親臨八公山訪曇濟道人。「道人設茶茗，子尚味之曰：此甘露也，何言茶茗！」[10]八公山寺並非名寺，曇濟道人竟能拿出味如甘露的好茶待客，這在當時的佛道二教中就絕非個別現象了。

由於飲茶風氣的普遍流行，這時茶也和糧食、魚鹽、瓜果、菜蔬一樣，成為人們的日常飲品，被用來饋贈或賜與。梁劉孝綽在《謝晉安王餉米等啟》中說：「傳詔李孟孫教旨，垂賜米、酒、瓜、筍、菹（酸菜）、脯、鮓（醃魚）、茗八種。」[11]晉安王

10　陸羽《茶經》引《宋錄》。
11　嚴可均校輯《全梁文》卷六〇引《茶經》，第 3311 頁。

即梁簡文帝蕭綱稱帝前之封號，他博學多才，擅詩文辭賦，引納文學之士，應接無倦。劉孝綽乃當世著名文士，故兩人意趣相投。蕭綱賜給劉孝綽米、酒、瓜、茗等物，與其說是賜與，不如說是饋贈，是文人之間的一種正常交往。唐宋時期，飲茶風氣大盛，文人間常以茶相贈，互相作詩唱和，正是這種風氣的延續。文人如此，民間一般人以茶饋贈親友當不例外。

茶被當作供品而擺上靈台、廟堂，是南朝飲茶風氣中又一突出的現象。齊武帝就曾下詔用茶祭祀生母的亡靈，「永明九年（491 年）正月，詔太廟四時祭⋯⋯高皇帝薦肉膾、菹羹；昭皇后茗、粣（粽子）炙魚：皆所嗜也。」[12]昭皇后生前如此嗜茶，還幻想死後繼續享受。齊武帝本人也如此，永明十一年七月，臨崩前，他特意留下一道遺詔：「我靈上慎勿以牲為祭，唯設餅、茶飲、乾飯、酒脯而已。天下貴賤，咸同此制。」[13]該遺詔一方面固然反映了齊武帝提倡節儉、反對奢靡的主張；另一方面也反映了在此之前民間已流行以茶為祭的習俗，以圖通過詔書的形式將此習俗固定下來。

江西不乏產茶之地，茶也成為人們的日常飲品。本書第四章第三節在述及江西製茶業時曾談到，六朝時期的浮梁縣（今景德鎮）出產的茶葉上乘，賈思勰在《齊民要術》中稱「浮梁茶最好」，唐代發展成著名的商品茶基地，茶商雲集。安成、廬陵等

12　《南齊書》卷九《禮志上》，第 133 頁。
13　《南齊書》卷三《武帝紀》，第 62 頁。

地也盛產茶葉，唐代時也成為重要的產茶地。一九九四年一月，在江西吉水富灘發掘了一座東吳晚期墓葬，出土了成套茶具，其中包括青瓷擂缽、帶蓋缽、盞托等，僅就茶託子而言，它是我國目前所見最早的實物。這就充分說明，早在三國時期，江西人民已開始養成飲茶的習慣，並掌握一定的製茶技術。兩晉南北朝時期，南方飲茶風氣十分盛行，江西人民將茶當作主要飲品應是不成問題的，這從考古發掘可資證明。在江西各地清理出的大量南朝墓葬中，出土的茶器甚多，如各種瓷壺、瓷碗、瓷杯、瓷盤、瓷缽等。一九五九年九月和一九六〇年四月，江西省博物館考古隊曾先後兩次在清江縣城樟樹鎮東南八千米的潭埠地區發掘了十一座南朝墓，在出土的數十件遺物中，有五盅盤一件。盤為直唇，平底，盤內盛五小盅，皆與盤緊相粘合[14]。顯然，這是成套茶具，在各種茶器中頗具代表性。

中國酒文化比茶文化的歷史更為悠久。考古發掘證明，早在新石器時代晚期，人們已掌握了原始的釀酒技術，出現了發酵水酒。至夏代，釀酒技術正式見諸史籍，史書中有「儀狄作酒」、「少康作秫酒」的記載。儀狄是大禹之臣，是造酒的鼻祖。少康即杜康，他改進了造酒技術。殷商時，人們已學會了用麴造酒的技術，釀酒業大發展。甲骨文中除許多地方提到酒外，還有種類繁多的酒器，如尊、罍、壺、爵、卣、觚、斝等，這在商墓中也有大量發現。商代的貴族平民飲酒成風，商紂王嗜酒如命，《史

14　江西省博物館考古隊《江西清江南朝墓》，載《考古》1962 年第 4 期。

記・殷本紀》說他「以酒為池，懸肉為林，為長夜之飲」，終於導致亡國。

魏晉南北朝時期，釀酒業已十分發達，僅《齊民要術》中就記載有十幾種釀酒的方法。據有關專家研究，這些方法都極為先進。當時全國各地已出現多種名酒，如河東（今山西）人劉白墮釀出的酒，飲之香美而醉，經月不醒；北魏京師洛陽朝貴多出郡登藩，遠相餉饋，逾於千里，以其遠至，號曰「鶴觴」，也名「騎驢酒」。永熙（532-534 年）中，南青州刺史毛鴻賓攜酒上任，路遇賊，盜飲之即醉，皆被擒獲，因又稱此酒為「擒奸酒」。故當時遊俠中流行這樣一句話：「不畏張弓拔刀，唯畏白墮春醪。」還有一種「穄米酒」，酒味奇佳，平時酒量有一斗的，只能飲一點五升，飲二升必大醉，甚至會喪命。

魏晉玄學盛行，玄學名士有兩大嗜好：一是酒，二是藥（服寒食散）。他們公開宣稱：「名士不必須奇才，但使常得無事，痛飲酒，熟讀《離騷》，便可稱名士。」[15]以嵇康、阮籍為首的「竹林七賢」無不嗜酒成癖，劉伶更是一個著名的酒鬼。他常乘鹿車，攜一壺酒，讓僕人扛著鋤頭跟在後面，說：「死便埋我。」妻子怕他傷了身體，潑了酒，毀了器，哭著勸他戒酒。他答應說：「甚善。我不能自禁，唯當祝鬼神，自誓斷之耳。」並讓妻子準備好酒肉於神前。劉伶跪下暗中禱告說：「天生劉伶，以酒

15 劉義慶《世說新語・任誕篇》，第 398 頁，上海古籍出版社影印本。

為名，一飲一斛，五鬥解酲，婦人之言，慎不可聽。」[16]又馬上飲酒進肉，直至大醉。以放達著稱的畢卓曾對人說：「得酒滿數百斛船，四時甘味置兩頭，右手持酒杯，左手持蟹螯，拍浮酒船中，便足了一生矣。」[17]東晉周顗曾以雅望獲海內盛名，「後頗以酒失，為僕射，略無醒日，時人號為『三日僕射』。」是說他常常喝醉酒，一醉三日不醒。庾亮諷刺說：「周侯末年，所謂鳳德之衰也。」[18]王忱少好酒，大發感歎說：「三日不飲酒，覺形神不復相親。」一飲常連日不醒，終以酒精中毒而死。在魏晉人物中，嗜酒如命者大有人在，以上不過略舉數例而已。

在六朝江西名人中，陶淵明堪稱酒仙。他一生飲酒賦詩，怡然自樂。在做彭澤縣令時，打算將縣裡撥給的公田全部種秫穀（糯穀），用來釀酒，說：「令吾常醉於酒足矣。」妻子再三請求種秔（晚稻），乃用一頃五十畝種秫，五十畝種秔。辭官歸隱之後，進門的第一件事就是飲酒，其《歸去來辭》說：「攜幼入室，有酒盈樽。……引壺觴以自酌，眄庭柯以怡顏。」[19]在漫長的隱居生涯中，除在自家飲酒外，還常與眾鄉親共飲，無論識與不識，有酒必至，遇酒則飲，酣醉便返。酒也成了他賦詩的重要題材，在現存的一六〇多首陶詩中，提到酒的將近五十首，其中不乏專門寫酒的詩，僅《飲酒》詩便有二十首，另有《述酒》、

16　《晉書》卷四九《劉伶傳》，第 1376 頁。
17　《晉書》卷四八《畢卓傳》，第 1380 頁。
18　《晉書》卷六九《周顗傳》，第 1851 頁。
19　《晉書》卷九四《隱逸陶潛傳》，第 2461 頁。

《止酒》詩各一首。他在詩中說「得酒莫苟辭」(《形贈影》詩)、「綠酒開芳顏」(《諸人共游周家墓柏下》詩),因為「酒云能消憂」、「酒能去百慮」(分見《影答形》、《九日閒居》二詩)。儘管他無日不飲,仍覺得沒有飲夠,從而留下深深的遺憾,「但恨在世時,飲酒不得足」(《擬挽歌辭》第一首)。這裡我們不去分析詩人飲酒的動機,只是說明酒成了他須臾不可或缺的最重要飲品。從六朝時期的江西人民掌握了較高的釀酒技術,以及詩人常與眾鄉親共飲的情況看,酒已成為人們的日常飲品。

江西各地盛產水果,果品也相當豐富。如前面提到的柑、橘、橙、柚、桃、李、梨、栗、杏、西瓜、石榴、楊梅等無不畢有,文獻資料和考古發掘證明,當時的江西人民食用各類果品是極平常的事。

二 衣冠服飾

(一)冠冕與服飾

與飲食一樣,衣冠服飾也是人們最基本的生活需求。中國古代的冠、帽是衣服的一種,稱元服或頭衣,故冠服泛指衣服。所謂服飾,有廣義、狹義之分。從狹義而言即指服裝,廣義而言則包括服裝、各類首飾、佩飾及容貌修飾等。魏晉南北朝時期,隨著社會的進步,服飾文化越來越豐富,服飾除實用功能外,其審美功能、政治功能、倫理功能、交往功能等日益鮮明。

當時,人們所穿的衣服,可分為元服、體衣和足衣三類。

元服,即今天所說的帽子,其名目繁多,主要有冠、冕、

弁、幘、襆頭、帽等。冠是先秦時期貴族男子常穿的元服，先秦的禮儀規定，貴族男子在二十歲時要舉行加冠的儀式，稱為冠禮，表示男子已進入成年，「年方弱冠」的成語即源於此。庶人到二十歲時不加冠而戴巾，以示與貴族的區別，這一習俗一直流行到魏晉南北朝。不過，冠和帽的作用不同，它不是把頭全部罩上，而只是用來固定髮髻。冕是一種特殊形制的大禮帽，比冠使用級別更高，為封建帝王和高級官吏所專用。弁是一種用皮縫製的元服，上尖下大，形若覆杯。幘是一種便帽，主要由三部分構成：下部是一圈較寬的硬邊，稱顏題；頂部呈屋頂狀，稱幘屋；顏題延伸到腦後時向上翹，形成兩個尖耳，稱為幘耳。幘原為身份低賤者所服，後漸至社會上層。魏晉南北朝時期，無論南人、北人，各階層都有戴幘的習慣。巾是一塊裹頭的布，最初是不分尊卑貴賤的，但在冠出現後，逐漸成為平民的元服。襆頭，由巾轉化而來。北朝周武帝將巾裁出四角，分別綴帶，繫於頭後和髮髻處，起名襆頭。不過南方人很少使用。

漢魏以來，江西地區的百姓習慣著巾。東漢末，孫策奪取豫章郡，豫章太守華歆著巾出迎，表示自己已放棄太守的官職，只是以一個平民的身份來迎接。陶淵明隱居後，在家常常著巾。一次，郡太守去看望他，正趕上他釀的酒熟了，陶淵明取下葛巾來濾酒，濾完後又戴到頭上。由此可看出當時名士的放達作風。

帽在漢代的地位較低，使用的範圍也較窄，只有未冠的小兒和蠻夷才戴帽。魏晉以後，帽逐漸擴大到社會各階層，如著名隱士管寧在家經常戴皂帽；吳主孫權曾賜給大將朱然覼織成帽，陸遜打了勝仗凱旋而歸，孫權又脫下自己所戴的翠帽給陸遜戴上。

東晉大名士王濛的帽子破了，自己上市去買，賣帽的老嫗悅其貌，送給他一頂新帽。可見從宮廷到民間，成人已普遍戴帽，帽不再是小兒的專用品。

這時，江西地區不但有戴帽的習慣，比較講究的還在帽上飾以金屬花朵等裝飾品。陶淵明的外祖父孟嘉「龍山落帽」的軼事佳話，說明晉代江州上層人士喜歡戴帽。前文提到的瑞昌馬頭西晉墓，曾出土了一青瓷堆塑穀倉，穀倉頸部的左、右、後三面，各有一人，頭戴扁帽，身著長服，雙手執杖，逐趕頭上三隻豎狀展翅雀。這一考古材料則反映當時江西民間戴帽是很普遍的事。南昌市東吳高榮墓的隨葬器物中，有金帽花飾十件，另加小菱形穿孔珠一件，桃形箔片三件，上有突起的猴首人身圖案等。這些飾物大約都是用來裝飾帽子的。高榮是個有身份、地位的官吏，一般平民百姓可能不會有帽飾，即便有，也沒有這麼講究。

衣服，又稱衣裳，古稱體衣。自漢以來，通常所說的衣是指上衣，而裳雖然是下衣，卻不是今天的褲子，而是裙。

魏晉承兩漢之俗，人們仍喜穿深衣。深衣是將衣與裳分開裁剪，經中間縫合而連成整體的一種衣服。因其省工省料，穿著不拘場合，故廣泛流行。東漢始稱深衣為袍。單層的袍稱為禪衣或單衣，厚實寬大的袍稱為襜褕。用雙層布帛製成的袍，叫複衣或複袍。冬天用的複袍，夾層間絮有麻、舊絲或綿等，如同今天的棉大衣。用毛皮制服成的袍則稱為裘。深衣、袍都是外衣。還有一種披在肩背上的服裝叫帔，因其形狀似鐘，故又稱假鐘，類似今日的斗蓬或披風。

當時的內衣名目繁多，如褻衣、襦、衫、心衣、抱腹、褊襠

等。

褻衣是貼身穿的內衣，又稱汗衣。

襦是短上衣，且多絮有綿，不絮綿的稱單襦。製作襦的材料通常是布，也有用縠、紗、羅等絲織品的。一般百姓及清廉的官吏多穿布襦，上層人物或富豪之家多穿絲織品製作的襦。

衫是漢代延續下來的服裝，是一種短袖內衣。

心衣的形制比較特殊，它是由一條寬布四角綴帶而成，抱腹過肩，兜著下襠。是在家內暑天穿的私服，用以遮羞。

抱腹，類似今日農村的兜肚。

裲襠或作「兩襠」，也稱「袙複」，是漢末以來開始流行的新服裝，漢魏之際劉熙《釋名・釋衣服》說：「兩襠，其一當胸，其一當背也。」也就是說，它是由前後兩塊布縫製而成，分別遮住前胸和後背，相當於今日的砍肩、馬甲，俗稱背心。既可作內衣，也可穿在外面。裲襠有單、夾兩種，有的還繡上花，男女通用。

下體之服，有褌、褲兩種。褌猶今之短褲，過膝的叫袴或絝。但這種袴與今天的褲不同，無前後襠，類似幼童穿的開襠褲。《釋名》：「袴，跨也。兩股各跨別也。」當時漢族人為何要穿無襠褲？這是因為上衣下裳，上廁所時必須解開一層又一層的帶，很不方便。正因為穿無襠褲，所以古人視箕踞而坐為無禮。

魏晉南北朝是個大變革的時代，社會較為開放，服裝樣式也有較大的變化，尤其是婦女服式變化更大。

三國後期，婦女們首次突破了傳統的服裝模式，創制出了一種「上長下短」的新款式。《晉書・五行志》稱，東吳孫休後，

「衣服之制上長下短，又積領五六而裳居一二。」這是說，如果把此種服式連同衣領共分為五六份，而下裙長度僅占一二份。因為它突破傳統而有所創新，故被晉代的干寶斥為「上有餘而下不足」的「妖服」。

西晉初，流行的服式由上長下短變為「上儉下豐」，即上襦短小而下裙加長加寬。《晉書・五行志》載：「武帝泰始初，衣服上儉下豐，著衣者皆厭腰……至元康末，婦人出兩襠，加乎交領之上。」這種服式的顯著特點是上小而下大，上襦交領，外罩兩襠，襦、裙合一，裙子上升及於腰部，中間束以衣帶，即所謂「厭腰」。因穿著合體，更能顯出女性的苗條、秀美和飄逸，故大受婦女的青睞而流傳甚久。

兩晉之交，社會發生劇變，服裝變化尤為顯著，正如葛洪所說：「喪亂以來，事物屢變。冠履衣服，袖袂才制，日月改易，無複一定。乍長乍短，一廣一狹，忽高忽卑，忽粗忽細，所飾無常，以同為快。其好事者，朝夕仿效，所謂京輦貴大眉，遠方皆半額也。」[20]這簡直是一場服飾大革命，在中國服飾史上也極為罕見。不過，從總的趨勢看，基本上朝著上短下長的方向發展。東晉初，上襦進一步變短，而衣帶大大加長。南北朝時，著此裝者仍不乏其人。

六朝時期，江西地區的服飾情況如何，我們從零星的史料及考古材料中，可略知其大概。一九七四年三月，江西省博物館考

20　葛洪《抱朴子・外篇・譏惑》，第 246 頁，上海古籍出版社，1990。

古工作隊在南昌市永外正街清理了一座晉墓（夫妻合葬墓），出土的遺物中有木簡五件，木方一件。木簡記載墓主是豫章郡南昌縣人吳應，字子遠，官拜中郎。木方則詳細記載了吳應棺內隨葬器物清單[21]（見插圖），全文如下：

故白練長裙二要，故白練裏衫二領，故白練複兩襠一要，故白練夾兩襠一要，故白練複袴一要，故白練複屌（裙）一要，故白練夾屌一要，故白練襦一領，故白練複衫一領，故白練夾衫一領，故黃麻複袍一領，故黃麻單衣一領，故白練複牟一枚，故犀導一枚。

故白絹巾一枚，故白絮巾二枚；故白布襪一量，故絲履一量，故白練被一首，故白絹帳一紐，故白練手摳一雙；故王（小豬）二頭。故白布手巾一枚，故黃布手巾一枚；故白練覆面巾一枚，故練枕一枚，故白布複巾一枚。故嚴器一枚，故銅鏡一枚，故白練鏡衣一枚，故白絹粉囊一枚。小女儋嬢故紺褌一領，小女儋嬢故五絲同心一枚。

故白布飾面巾一枚，故刷一枚，故練細櫛（梳子）一枚，故絮粉囊一枚，故面脂一盒，故書箱一枚，故書硯一枚，故筆一枚，故祗（紙）一百枚，故墨一丸，故刺五枚，故流衣板一枚；故棺中笙一枚，故棺材一枚。

21　《江西南昌晉墓》，載《考古》1974 年第 6 期。

文中每一器物前均有一「故」字，是指吳應夫婦生前用過的物品。「要」、「領」、「枚」、「量」、「首」、「紐」等皆為當時南昌一帶習慣用的量詞，如一領就是一件等。

從木方文中可以清楚地看出，吳應夫婦生前常穿的服裝有裙（即裳，下衣）、衫、袍、襦、袴、裲襠等。裙有長裙、複裙、夾裙三種，衫、袍、裲襠皆有夾、複兩種。裲襠、白練衫、長短裙都是魏

·木簡（西晉）

晉南北朝時期的新式服裝，尤受婦女們的青睞。《三國志·魏書·鐘繇傳》注引《陸氏異林》曰：「（婦人）著白練衫，丹繡裲襠。」《晉書·五行志》載：「至元康末，婦人出兩襠，加乎交領之上。」南朝齊梁時，裲襠衫更成為有代表性的流行衣著，男女皆服而成一時之風。因而，齊梁詩人常以「裲襠」入詩，如《梁鼓角橫吹曲·琅邪王歌詞》：「陽春二三月，單衫繡裲襠。」王筠《行路難》：「裲襠雙心共一抹，袙複兩邊作八 。」《玉台新詠》卷九引《讀曲歌》：「裲襠別去年，不忍見分離。」又「竹廉裲襠題，知子心情薄。」蕭衍還專門寫了一首《袙複》詩：「的的金弦淨，離離寶分。纖腰非學楚，寬帶為思君。」顯然，這裡歌詠的是婦女所著裲襠，大都繡有各種花紋圖案，即所謂「丹繡裲襠」、「單衫繡裲襠」，而且還在裲襠上飾有漂亮的衣褶，所謂

「八 」、「寶 」即是。

作為東晉人的吳應夫婦，生前已經大量著褌褶、白練衫、長短裙等新式服裝，說明此等服裝在豫章郡、至少在南昌地區已非常流行。吳應夫婦所著服裝使用的材料多為「白練」，白練即白絹，是比較好的絲織品；少數為黃麻布。吳應生前是地位較高的官吏，家中有錢，故衣料很講究，至於一般平民就只能用布了。

陶淵明在談到自己的艱苦生活時說：「代耕本非望，所業在田桑。躬耕未曾替，寒餒常糟糠。豈期過滿腹，但願飲粳糧。禦冬足大布，粗絺以應陽。」（《雜詩》第八首）儘管詩人終年勞作，仍不免受凍受餓，經常以糟糠為食。不奢望吃得飽飽的，但願有粳米飯吃就不錯了。冬天有厚布衣禦寒，暖和天有粗絺（粗葛布）服遮身也就滿足了。這便是一個貧苦農民日常生活的寫照。南朝臨川人周迪，生活簡樸，「冬則短衣布袍，夏則紫紗襪腹」。這應是當時江西勞動人民最有代表性的冬夏服裝。

不過，其時棉花種植還不夠廣泛，普通衣料所用的布多為麻布、葛布等。關於中國植棉的歷史，最早可上溯到西漢中期。南北朝時期高昌（今新疆吐魯番）地區的棉紡織業已具有一定規模，《梁書》卷五四《高昌傳》記載說：其地「多草木，草實如繭，繭中絲如細紵，名曰白疊子，國人多取織以為布。布甚軟白，交市用焉。」據有關專家考證，這是一種非洲棉，它是經中亞傳入我國新疆的。還有一種亞洲棉（俗稱「中棉」），原產地在印度，品質優於非洲棉，它經東南亞傳入華南的時間比非洲棉傳入新疆的時間要晚些。這種棉花古稱「古貝」或「吉貝」。元代以前，僅新疆、雲南、兩廣、福建等部分地區種植棉花。宋末

元初，棉花開始由東南和西北分兩路向長江中下游和關陝、渭水流域一帶迅速傳播，產量大增，棉紡織技術也隨之不斷提高。

江西地區開始植棉和使用棉布也應是元初以後的事，《隋書·食貨志》描述豫章郡一帶婦女織造的「雞鳴布」，便是當時江西有名的葛布。

在上述器物清單中，還有白絹巾、白絮巾、白布手巾、黃布手巾、白練覆面巾、白布複巾等各式手巾，這些手巾自然各有用途，可能有用來洗臉、洗澡的，有用來擦手的，大一點的還可用來當包袱包東西。可見，當時江西人民用手巾的習俗已非常流行。

江西同南方其他地區一樣，夏天多蚊蠅，睡覺時須掛蚊帳。吳應墓器物中有「故白絹帳一紐」，這種帳是用白絹製作的，白絹輕薄透氣、明亮，應是蚊帳無疑。這說明至遲在東晉時，江西地區已使用蚊帳。

吳應夫婦棺內的隨葬器物中，還有不少是屬於化妝用品一類。如嚴器即粧（妝）具，或稱「嚴具」、「奩具」，是專門用來盛化妝品的小箱子，內裝多件小盒，有「五子」、「七子」等名目，盒內脂粉、梳篦、刷子等一應俱全。銅鏡、細櫛皆化妝用具，絮粉、面脂是修飾容貌的化妝品，這些化妝用品大約都是裝在嚴器內。

在江西地區的其他六朝墓葬中，還發現許多首飾和佩飾，如金環、銀環、金手鐲、銀手鐲、金圈、金圈飾、金髮釵、鎏金銀髮簪等。這從一個側面反映了江西人民、尤其是婦女注重容貌修飾的習俗。

（二）履、屐、靴、襪等

當時的鞋具、襪具被稱為足衣。

鞋具的名目很多，主要有履、屨、屩、屣、屐、舃、鞮和靴等。履、屨、屩皆異音而同義，都是用葛、麻、皮、絲等不同材料製成的鞋，如吳應墓隨葬器物中的履就是絲履，這種高級鞋只有富貴人家才能享受。窮人和罪徒只能穿用草編成的屣，即草鞋。舃是履下加木底的鞋，屐則完全是木制的鞋，鞋底裝有齒，用以踐泥。

六朝時，南方人普遍喜歡著屐，江西也不例外。一九七九年發掘的南昌市東吳高榮墓，隨葬器物中有木屐兩雙，其中一雙保存較好，底部前後有兩條橫高掌，前掌有鐵釘足四枚，後掌有鐵釘足三枚，屐長二十五釐米、掌高六釐米、另加鐵釘足高一點五釐米[22]。東晉風流宰相謝安在接到從前線傳來淝水之戰的捷報時，壓抑不住激動的心情，以至在過門檻時，把屐齒都折斷了。南朝劉宋文學家謝靈運常著屐遊山玩水，上山則去前齒，下山去其後齒，人們把這種屐稱作「謝公屐」。鞮是一種薄革小履，穿著輕便；靴是皮制的長統鞋，為少數民族服飾的一種。襪具一般用布或皮製成，吳應生前著的就是白布襪。

22　《南昌市東吳高榮墓的發掘》，載《江西歷史文物》1980 年第 1 期。

第三節 ▶ 婚俗與喪儀

　　婚姻與喪葬是人生的大事，自古以來為中國人所重視。因此，不但相關的禮儀內容十分複雜，而且歷代封建王朝的法律對此也有一系列嚴格的規定。中國又是一個多民族的大國，民風民俗千差萬別，表現在婚俗、喪儀上也呈現出豐富多彩的特點。透過婚俗、喪儀，可以從一個側面窺見不同地區、不同民族的文化風貌。

一　婚禮與婚俗

　　《禮記・婚義》說：「婚姻者，將合二姓之好，上以事宗廟，而下以繼後世也，故君子重之。」正因為婚姻是事關敬祖、續嗣之大事，故歷來備受重視，婚禮也被中國宗法社會視為各類禮儀之根本。

　　自西周以來，已逐漸形成婚姻「六禮」之制。一般男娶女嫁，要經過納采、問名、納吉、納徵、請期、親迎等六個程式。所謂「六禮」，實際上是男女雙方完婚的三個階段：（1）相親，通過納采和問名進行。男方首先通過媒人向女方表達通婚之意，女方同意後接受采禮，謂之「納采」；男方再問得女方姓名、生辰，回去後占卜吉凶，謂之「問名」。（2）定親，通過納吉和納徵進行。卜得吉兆後，定下婚姻之事，是謂「納吉」；婚事既定，須送上訂婚禮物，是謂「納徵」。（3）成婚，通過請期和親迎進行。男女兩家商量成親佳期，謂之「請期」；然後迎娶新娘，謂之「親迎」。只有「六禮」皆備，婚姻關係才算確立。但實際上，一般平民對「六禮」的執行往往不那麼嚴格。

迎娶新娘後，還有共牢合巹等一系列禮儀。所謂「共牢」，是新婚夫婦共用一個牢盤進食；「合巹」是喝交杯酒。《禮記·婚義》說：「共牢而食，合巹而酳，所以合體，同尊卑，以親之也。」意思是說，通過共牢合巹，夫妻合為一體，感情更加親密。成婚之後，婚禮並未完全結束，還要行「成婦」之禮，即新婦在婚後次日「謁見舅姑（公婆）」，及婚後三月行廟見之禮。至此，婚姻關係才能被家族承認。

魏晉南北朝時期，戰亂頻仍，社會動盪，婚姻「六禮」時斷時續。漢末魏晉，「六禮」不行，遂興「拜時」婚。因為在戰亂的形勢下，人們急於嫁娶，便顧不得「六禮」了。「拜時」婚的禮儀非常簡單，女方父母遇到稍安定的日子，於倉促之間，將一塊紗巾蒙在女兒頭上，立刻送往男方家，新郎揭開蓋頭，新娘即拜舅姑，便算成婚。故杜佑《通典》指斥這種婚姻「六禮悉舍，合巹複乖」。當然，這只是一種權宜之制。自東晉成帝至南北朝，「六禮」逐漸恢復，但一遇大的戰亂如侯景之亂，又馬上為之不行。北朝後期，北齊政府曾重新厘定「六禮」之制。

魏晉南北朝是一個門閥制度盛行的時代，表現在婚俗上也有鮮明的時代特徵。在婚齡上普遍流行早婚，早婚的年齡平均大約為男十五六歲，女十三四歲，不滿十三歲而嫁娶的現象比比皆是。在聯姻物件上實行士庶不婚，講究門當戶對，稱為門第婚或身份制內婚。在血緣關係上，近親婚現象頗多，如中表婚、甥舅婚、堂兄妹婚等。在人倫關係上不計行輩，姊妹同嫁叔侄，甥娶姑為妻，侄以孫女為婦等，只要年齡相當便結為親。在物質要求上盛行財婚，「賣女納財，買婦輸絹」的「賈道」現象嚴重。此

外，童婚、指腹婚、冥婚等也不乏其例。

　　自晉代以來，豫章崇儒興學之風大行，江西人士並好經學，是以俗禮相沿，多合古義。此時江西地區的婚禮，大體遵循古「六禮」之制，但也有自己的特點。男子將娶，在迎親的前一天，要冠帶拜父母，並遍拜內外宗親，父設宴延請賓客坐正席，子專席而坐，謂之「通婚禮」。迎親之日，迎親隊伍須點著燈籠往婦家；新婦至，雖白晝也必舉燭迎接。據說古代結婚必以夜，這樣做是順陰義。成婚後，新郎新娘要舉杯互飲，曰「交杯」；既入洞房，要以盂盛飯，加肉其上，讓新郎新娘共食，曰「孝順飯」。這就是《禮記》所說的「合巹而飲，同牢而食」。新年正月，婦家要擇日迎婿與女，曰「過門」。女方家呼婿為「新客婿」，以禮謁其家廟，遍拜其宗親。女方宗親須以酒席款待新婚夫婦，並以酒席之多寡決定居住之久暫。夫婦同歸後，還要以禮向家廟禱告。未至新年，新婦不得歸寧，否則視為私行，新郎將不以禮至婦家。

　　「婚不親迎」是江西的又一俗禮。結婚之日，新郎不親自去女方家迎娶新娘，只是在自家門口迎接。新婦至，新郎掀開彩轎繡簾，取簪插婦首，並取婦簪插於自己頭上，曰「換簪」。也有不換簪的，而是取婦手所執如意或手飾置於懷中，曰「相親」。彩轎抬至祖堂，一群小兒以楝子（一種不能食的野果）迎面撒去，曰「去煞」。

　　嫁女由房中抱出以登轎，不讓女腳履地。據說如果女腳履地沾上灰土，會使母家貧困；實際上是依戀不捨，不肯讓女兒離去的意思。女嫁三日，母家送衣飯；滿月，送油；當暑，送消暑的

食品。將生子，先一月，要備好小兒衣物送去，叫做「催生」。若生男，滿月為之剃頭，周歲為之「抓周」。然上述俗禮僅限於頭胎。

「抓周」又稱「試兒」、「試周」，是當時南方較普遍的習俗，不唯江西。熟悉南北風情的北齊人顏之推在《顏氏家訓》中有詳細的記述：

> 江南風俗，兒生一期（一周歲），為制新衣，盥浴裝飾，男則用弓矢紙筆，女則用刀尺針縷，並加飲食之物，及珍寶服玩，置之兒前，觀其發意所取，以驗貪廉愚智，名之為試兒。親表聚集，致宴享焉。自茲以後，二親若在，每至此日，嘗有酒食之事耳。[23]

六朝江西婚俗主要表現為童婚、門第婚和一夫多妻制。

童婚多表現為童養媳。貧窮人家常抱人女嬰乳養，稍大後可幫助幹活，既長可省婚財；生女之家，恐妨勞作，也願抱送與人，故童養媳最多，實為變相的童婚。童養媳俗呼為「囤娘子」，言其如貨而囤於家。

婚姻講究門第，實行門當戶對，是魏晉南北朝時期最盛行的婚俗，江西地區也不例外。家居尋陽的陶侃、周訪兩家堪稱典型

23　王利器《顏氏家訓集解》卷二《風操》，第118頁，上海古籍出版社，1980。

一例。陶侃之父陶丹，東吳時官拜揚武將軍；周訪的祖父周纂，為吳威遠將軍，父敏，左中郎將。揚武、威遠都是雜號將軍，居官八品；左中郎將為第七品，地位略高些。兩家門第相當，皆是寒門庶族。陶丹去世得早，陶侃自幼與母親相依為命，家境貧寒；周訪救窮振乏，家無餘財，兩家的家境也相差無幾。後來周訪為縣功曹，陶侃為散吏，訪薦侃為主簿，兩人的官位又相當。這樣，無論從門第、家境、官位等方面看，陶、周兩家可謂門當戶對，所以周訪與侃相與結友，並以女妻侃子瞻，結為兒女親家。爾後，陶侃、周訪相互支援，共成大業，為東晉王朝的鞏固立下不朽功勳。

陶淵明的外祖父是江夏（今武昌）孟嘉，陶、孟二氏聯姻同樣是門當戶對。陶侃因功勳卓著，官拜太尉，封長沙郡公，陶家自然進入大士族的行列。可江夏孟氏的門第也不低，孟嘉的曾祖父孟宗，東吳時官拜司空，居三公之位；祖父揖，晉盧陵太守。地位之高可知。

孟嘉本人是位大名士，頗受太尉庾亮和外戚褚裒的器重。太尉庾亮領江州刺史，辟之為盧陵從事。一次，孟嘉還都建康，「庾亮引問風俗得失，對曰：『還傳當問吏。』亮舉麈尾掩口而笑，謂弟翼曰：『孟嘉故是盛德人。』」轉勸學從事。褚裒時為豫章太守，元旦早朝見庾亮，裒有器識，亮大會州府人士，孟嘉坐得比較遠。裒問亮：「聞江州（時江夏郡屬江州）有孟嘉，其人何在？」亮曰：「在坐，卿但自覓。」裒歷觀眾人，指著孟嘉對庾亮說：「此君小異，將無是乎？」亮欣然而笑，「喜裒得嘉，奇嘉為裒所得」，以後對孟嘉更加器重了。

　　桓溫為征西將軍，辟孟嘉為參軍，對他也很器重。九月九日，溫大宴於龍山，僚佐畢集。時佐吏皆著戎裝，突然吹來一陣風，將孟嘉的帽子吹落於地，可他沒有覺察到。桓溫讓左右不要聲張，欲觀其舉止。過了好一會，孟嘉起身入廁，桓溫才讓人將帽子從地上拾起，並命孫盛作文嘲笑，連同帽子一起放在孟嘉座位上。「嘉還見，即答之，其文甚美，四坐嗟歎。」[24]這就是著名的孟嘉「龍山落帽」的故事。

　　孟嘉好酣飲，愈多不亂。後轉從事中郎，遷長史。陶淵明嗜酒的名士風度，可能在很大程度上受到了外祖父的影響。孟嘉去世後，陶淵明撰《晉故征西大將軍長史孟府君傳》，以示對親人的懷念。孟嘉身為名士，居官大將軍長史，又深受朝貴們的器重，無論從官階、地位而言，絲毫不亞於時任武昌太守的陶淵明的祖父陶茂。因此，陶、孟兩家數代聯姻。據《豫章書》載，陶淵明的母親孟氏系孟嘉第四女，孟嘉本娶陶侃第十女，後以二女許配給侃子茂的兩個兒子，一生淵明，一生敬遠。在當時的社會風氣下，這是合情合理的事。

　　再說陶淵明之妻翟氏，是尋陽柴桑翟湯宗女。陶、翟、駱號稱尋陽三姓，翟湯又是著名的隱士，陶、翟二氏結秦晉之好，同樣是門當戶對。

　　如果門不當戶不對，要聯姻是很困難的。蕭齊初，豫章南昌人胡諧之曾任江州別駕，刺史蕭賾（即後來的齊武帝）委之以重

24　《晉書》卷九九《桓溫傳孟嘉附傳》，第 2580、2581 頁。

任。建元二年（480 年），官拜給事中、驍騎將軍，居官四品，領兵兼統宿衛，地位頗高，權力也大。諧之祖廉之，官侍御史；父翼之，州辟不仕。從史籍記載來看，胡諧之算得上一個士族，甚至是中等士族。東晉南朝時，豫章胡氏是南昌的望族，與羅氏、熊氏、鄧氏號稱豫章四姓，但與僑姓士族王、謝、袁、蕭及吳姓士族顧、陸、朱、張相比，還差一個等級。因此，胡氏要與高門大族攀親幾乎不大可能，故齊高帝「欲獎以貴族盛姻」。因諧之一家是傖族，語音不正，所以派了四五個宮女前往其家教子女語。與貴族聯姻還要靠皇帝去獎賞，足見其時門第等級之森嚴了。

官宦人家一夫多妻是當時江西地區又一突出的婚俗。《隋書·地理志下》記載說：

豫章之俗，頗同吳中，其君子善居室，小人勤耕稼。衣冠之人，多有數婦，暴面市廛，競分銖以給其夫。及舉孝廉，更要富者，前妻雖有積年之勤，子女盈室，猶見放逐，以避後人。……鄱陽、九江、臨川、盧陵、南康、宜春，其俗又頗同豫章。

這裡所說「衣冠之人」是指官紳、士大夫，他們居然同時有多名配偶，有妻有妾。及至被舉為孝廉，社會地位提高，又嫌貧愛富起來，休掉前妻，另娶新歡。所謂「君子善居室」，就是指官紳、士大夫這些君子們，娶有三妻四妾，善於經營個人私生活而言。鄱陽、九江等郡的風俗又頗同豫章，說明一夫多妻是江西各地較普遍的現象。陶侃的父親陶丹不過是個八品雜號將軍，本

已有妻，後又娶新淦湛氏女為妾而生侃。尋陽陶氏是寒門尚且如此，門第高的就更不用說了。

二　喪儀與喪俗

中國人崇尚孝道，主張「事死如事生」、「厚葬以明孝」，將生、死、喪看作人生三件大事。佛教傳入中國後，「靈魂不滅」、「來生轉世」的觀念逐漸深入人心，喪葬更加引起人們的重視。早在先秦時期，中國就形成了一套繁瑣的喪葬禮儀。魏晉南北朝時期，漢族的喪葬禮儀大體遵循傳統，概括起來可分為殯殮、治喪、居喪守孝三個步驟。

殯殮禮儀，主要包括沐浴、易服、飯含、纏斂、設位、告喪、停殯等內容。人在彌留之際，家眷一定要守在病榻前，將輕柔的絲綿放在垂死者的鼻孔前「試氣」，檢驗是否確實已死。這時，子女要全部趕回來奔喪，實在不能趕回者，也要寄物以吊，否則被視為不孝。人死之後，家眷拿著死者的衣服，反復呼喚死者名字，希望將其靈魂從幽冥之界喚回，這種招魂儀式叫做「複」。確定死者複生無望，方可為死者沐浴、梳洗、整容。還要將珠、玉一類物品放入死者口中，稱為「飯含」。入棺前，要進行纏斂，即將屍首用被纏裹好。纏斂後，為死者設喪位，全家哭喪。

治喪禮儀，主要包括告喪、停殯、成服、卜陰宅、下葬等儀式。人死後，家眷要派人四出，向死者親友告喪，稱「赴告」。為死者穿上壽衣，在堂中停殯數日，稱為「小斂」。小斂期間，親友前來致奠，主人拜送答謝。小斂畢，舉行入棺儀式，移屍棺

中，稱「大斂」。停殯待葬期間，死者親屬要按血緣關係的遠近，分別穿上不同等級的喪服，稱「成服」。同時，要請相士相地，卜陰宅，修墳墓。成服至下葬期間，每天一早一晚要在殯所哭泣，稱為朝夕哭、朝夕奠。下葬之日，靈車載柩，家眷親友齊穿喪服送葬。葬畢，死者親屬還要回到殯所，升堂而哭，稱為「反哭」。

居喪守孝的禮儀比較複雜，主要體現在「五服」之制上。五服，是指五種不同的喪服，其中有「斬衰」、「齊衰」、「大功」、「小功」、「緦麻」等。穿何種喪服，要視與死者關係的親疏而定。斬衰是一種不縫邊的粗麻喪服，也是最重的喪服，通常是子女為父、妻為夫、孫為祖父所穿；緦麻是五服中最輕的一等，此喪服最為精細，一般由與死者關係較疏遠的親屬服用，如女婿、外甥、堂兄弟、表兄弟等。斬衰要服喪三年，服喪期間，居官要去職，授官則不受；居廬墓，禁酒肉、娛樂，已婚者禁夫妻同居，未婚者不得聘娶等等。其他喪服都有不同的要求，這裡不詳述。

至於葬法，漢族人大多實行土葬。但由於宗教信仰不同，也有部分漢人實行崖葬、水葬或火葬的。

不同的時代，葬俗也有所不同。秦漢盛行厚葬，帝王將相、達官貴人多修建起規模巨大的陵墓，墓中埋有大量的隨葬器物。魏晉時興起一股薄葬之風，魏武帝曹操是提倡薄葬的第一人。臨終前，他留下遺令：以日常衣服為殮裝，不殉葬金玉珍寶。魏文帝曹丕嚴格遵父遺教，繼續宣導薄葬。在曹操父子的影響下，西晉皇帝和十六國政權的不少君主也都循例薄葬。但至東晉後期，

厚葬之風又開始抬頭，一直蔓延到隋唐。

江西地區的喪儀與全國各地大同小異。服三年之喪者，孝子要腳穿用稻草編織的孝鞋，腰繫稻草繩，手執以竹飾紙的哭喪棒；孝帽也用稻草編成，上有一梁，以白紙糊之，垂綿為瑱（掛在耳垂上的玉），曰梁冠。五服皆用布，以長短為輕重之差。男子以麻辮髮，婦女以麻加於髻上，既葬則除之，惟孝子及婦，百日乃除。古喪禮要「飯含」，然江西之俗不含，且忌以物入口。剪紙與布繫於竹枝，曰「靈幡」，又稱「魂帛」。靈柩出，必停於祠堂門外，以朝祖。出殯之日，僧人執靈幡居前，引柩出村，孝子手捧靈牌隨靈幡後，眾人隨柩送葬。臨墓穴啟土，用肉一片、雞卵、小魚各一，以祭山神。葬畢，入室安靈位。三日傍晚，以粉米為餅祭於墓，曰「關山」，以安土神。用餅多寡以死者生年之數為准，一歲一枚。第三日夜，皆送火於墓。新年正月，親戚各贈以財禮以助喪事，名曰「新香」。如葬不滿百日，則不賻贈，次年正月補賻。如此等等，不一而足。

關於其他喪儀，南北各有不同。顏之推說：

> 南人冬至歲首，不詣喪家；若不修書，則過節束帶以申慰。北人至歲之日（謂冬至、歲首二節），重行吊禮；禮無明文，則吾不取。南人賓至不迎，相見捧手而不揖，送客下席而已；北人迎送並至門，相見則揖，皆古之道也，吾善其迎揖。

又說：

江南凡遭重喪，若相知者，同在城邑，三日不吊則絕之；除喪，雖相遇則避之，怨其不憫己也。有故及道遙者，致書可也，無書亦如之。北俗則不耳。江南凡吊者，主人之外，不識者不執手；識輕服而不識主人，則不於會所而吊，他日修名詣其家。

　　在哭喪方面，南北也各有異：

　　江南喪哭，時有哀訴之言耳；山東（謂太行、恒山以東，即河北之地）重喪，則唯呼蒼天，期功以下，則唯呼痛深，便是號而不哭。

　　顏之推對南北朝風俗至為瞭解，從他的記載來看，似乎南人比北人更重喪葬禮儀。

　　豫章與江南一些地區，對喪葬禮儀甚至重到不可思議的地步。如南朝吳郡陸襄弱冠遭家禍，其父陸閑因事被殺；襄時年十四，乃終身布衣蔬食，不聽音樂，口不言殺害；雖薑菜有切割，皆不忍食。江甯姚子篤，因母親被火燒死，終身不忍食燒烤之物。豫章熊康，因父親喝醉了酒遭奴僕殺害，終身不復嘗酒。對此，顏之推慨歎道：「然禮緣人情，恩由義斷，親以噎死，亦當不可絕食也。」[25]

　　江西地區大都盛行土葬，且多於自家田中造墓。田土淺者不

及尺，見黃壤即下葬；田土或厚不及寸，下即爛泥，則不可葬。造墓有兩種形式：丘陵山區居民採用墓穴式，即深挖墓穴，富者以磚為槨，多是券頂磚室結構，平面呈長方形或凸字形；全墓分前後兩室，有些還有甬道。墓內有數量不等的隨葬器物。此種墓不易受到水的浸害，保存時間長。近幾十年來，在江西各地發掘的上百座六朝墓中，百分之九十以上為這種磚室墓，許多墓雖經千年以上仍保存完好。至於貧家，只能建土墓，草草下葬了事。而居住於湖鄉的居民則採用以土培塚式，即將棺木淺埋田中，以土培塚間，墓突出地面呈圓錐形，高約二三米。用此墓者，一遇大水，往往有漂棺之患，極難保存。

第四節 ▶ 民間信仰與畜蠱之風

民間信仰是民風民俗的重要表現形式之一。中國幅員遼闊，民族眾多，風俗各異，民間信仰也各有特色。但由於古代生產力水準的低下，人們對各種自然現象和社會現象往往無法作出科學的解釋，甚至加以崇拜，由此而產生諸多的世俗迷信。尤其是遭遇到魏晉南北朝這樣的亂世，更加重了人們的苦惱和恐懼的心理，在對今生無望的絕境中，幻想來世轉生天國，到達幸福的彼岸，從而導致世俗迷信更為嚴重，這是當時全國較普遍的現象。於是，各種鬼神信仰、精怪崇拜與神仙敬奉空前氾濫，淫祀、巫術盛行，從而構成民間信仰的重要內容。江西民間除有上述種種信仰外，更有畜蠱之風，一些心懷叵測者利用毒蟲、瘋狗等以害人，可謂亂中添亂。

一 鬼神信仰與精怪崇拜

自先秦以來，吳、楚之民便有鬼神信仰的陋習。《漢書‧地理志》稱：楚地「信巫鬼，重淫祀。」

清代金谿人王謨著《豫章十代文獻略》，對桑梓的陋習記述甚詳：

豫章，故南楚也。其俗信祝鬼[26]而重淫祀，常鳴鳴鼓角，雞骨祈年，以至於靈衣桃茢[27]，禳災去病，利害悉聽於巫。小民破貲產奔走禱祠者，不可勝數。經良兩千石欒巴、顧邵、袁君正化論法禁，猶不能革，蓋其風氣然也。而其它陰陽占候、醫方卜筮，以及相人占夢諸術，雖間有精其業者而流傳不廣，亦難征焉。[28]

可見，古代江西民間信鬼神、重淫祀的風氣由來已久，東漢中後期發展到十分嚴重的地步，魏晉南北朝時期逾演逾烈。王謨在書中提及的欒巴、顧邵、袁君正三位良太守，都是在此期間出現的敢於向鬼神進行公開挑戰的著名鬥士。

欒巴，魏郡內黃（今河南內黃縣，一說蜀郡）人。東漢順帝時，出任豫章太守。「（時）郡土多山川鬼怪，小人常破貲產以

26　祝鬼：事鬼神以求福去災。
27　桃茢（liè）：古代迷信，用桃枝紮成苕帚以掃除不祥。
28　《豫章十代文獻略》卷三五《藝術傳序》。

祈禱，巴素有道術，能役鬼神，乃悉毀壞房祀，翦理奸巫，於是妖異自消。百姓始頗為懼，終皆安之。」[29]欒巴雷厲風行地禁鬼神、翦奸巫的結果，使一郡獲安，不愧為江西古代史上與鬼神進行大膽鬥爭的第一人。大約因為他禁鬼神卓有成效，所以後人將其神化，而說出一些「有道術，能役鬼神」的話來。

顧邵，東吳丞相顧雍之子，他在任豫章太守期間，崇學校，禁淫祀，搗毀山廟，禁絕鬼神，使全郡風化大行，搞得有聲有色。

袁君正，袁昂之子，出身於名門大族。梁武帝時，出為豫章太守。他「性不信巫邪」，時郡內有個大巫師名萬世榮，自稱有道術，為一郡巫長。一次，君正在郡偶患小疾，主簿熊岳向他推薦大巫師。巫師提出要病人拿來衣服當信物，君正遂將襦衣脫下派人送去；事後索取襦，巫師竟裝神弄鬼地說：「神將送與北斗君。」君正大怒，使人搜檢其身，結果在內衣中搜到了。於是以亂政為由，即刻將巫師「刑於市而焚神」，從此「一郡無敢信巫」[30]。袁君正刑巫焚神之事頗具戲劇性，給了巫邪勢力重重的一擊。然而，一種不良社會風氣畢竟是長期形成的，不可能一下子得到根本扭轉。因此，在整個魏晉南北朝時期，江西民間的鬼神信仰、淫祀等世俗迷信仍然十分氾濫。

其時，江西民間最崇信的是廬山廟神。據《神仙傳》、南朝

---

29 《後漢書》卷五七《欒巴傳》，第 1841 頁。
30 《南史》卷二六《袁君正傳》，第 716 頁。

宋劉敬叔《異苑》等書記載，廬山廟神很靈驗，能在帳中與人言語，飲酒投杯；商旅經過，若有禱請，則一時能使宮亭湖中分風，沿溯皆舉帆，平安無事。顧邵曾派人搗毀廬山廟，結果舉郡反對，廬山廟神則自稱廬山君，夜晚找上門來與顧邵論理。顧邵毫不妥協，還是將廟搗毀了。宋劉義慶《幽明錄》更將廬山廟神說得神乎其神：

孫權時，南方遣吏獻犀簪。吏過宮亭湖廬山君廟請福，神下教求簪，而盛簪器便在神前。吏叩曰：「簪獻天子，必乞哀念。」神云：「臨入石頭，當相還。」吏遂去。達石頭，有三尺鯉魚跳入船，吏破腹得之。

看來這位廬山廟神也很貪，見了珍寶便想要，只是因為犀簪是獻給天子的，只好欣賞一下罷了。

廬山上有廟神，山下的鄱陽湖中則有彭蠡湖神，在湖中的大孤山上立有顯濟聖母廟，以供奉祭祀。

江西是半水鄉，經常發生水患，故民間對龍王爺格外崇拜。各縣都建有龍王廟，遇旱則求雨，逢潦則祈晴。如建在南昌盆江門外的龍王廟，是用來祭祀豫章吳城山小龍君的。德化縣不僅建有龍王廟，還有龍壇，據說祈雨多應。九江下鐘山龍王廟右則建有龍君廟，專祭洞庭龍。

魏晉以後，江西各地又開始信仰城隍神，許多郡縣都建有城隍廟。城隍屬土神，是迷信傳說中主管某個城的神。因豫章城相傳最早是由西漢灌嬰將軍修建的，所以江西民間便把他當成了城

隍神而加以祭祀。有些城隍廟的規模相當可觀，如臨川（漢代臨川屬豫章郡）祭祀灌嬰的城隍廟有外門三間，內門五間，城隍殿五間。神像居正殿牆壁中，畫以雲山，前置紅漆木椅及黑漆書案。東西列兩廡廊，殿後直舍三間，後殿三間。

此外，還有東嶽行廟、三皇廟、天王堂及山川之神、日月星辰之神等等，多不勝數。

甚者連廁神也要加以信仰崇拜。傳說陶侃微時，曾入廁，「見數十人，悉持大印。有一人，朱衣、平上幘，自稱『後帝』，云：『以君長者，故來相報。三載勿言，富貴至極。』」陶侃解完大便後，這些人都不見了，只見在大便堆上留下一顆上書「公」字的大印。這就是所謂「廁神」，即「後帝」。廁神又稱紫姑神，古來相傳說是人家妾為大婦所妒，每以穢事相役使，五月十五日感憤而死。故世人於此日作其形狀持於手中，當夜在廁所間或豬欄邊迎接她，並禱告說：「子胥不在，曹姑亦歸，小姑可出戲。」[31]子胥是其婿名，曹姑即其大婦也。待手中感覺有些重量了，便是神來，即設酒果祭奠。據說紫姑能占卜眾事，卜未來蠶桑；又善射鉤[32]，好跳大舞。正月十五迎廁神的習俗始于東晉，盛於南朝，主要流行於江西鄱陽和湖北等地民間。最早記錄廁神後帝（紫姑神）來歷及民間正月十五迎廁神的習俗是南朝劉敬宣的《異苑》，後為《荊楚歲時記》、《初學記》、《太平御覽》

31　劉敬叔《異苑》卷五《廁神後帝》、《紫姑神》條。
32　射鉤，又稱施鉤、牽鉤，古代的一種集體遊戲，即今天的拔河。

等多種書籍所引用。

　　既信神，又信鬼。六朝江西民間最為信仰的鬼是「黃父鬼」。傳說這種鬼身材高大，胸臂呈黃色，變化無常，還能與人相通。劉敬叔《異苑‧山靈》條對此有具體的描述：

　　盧陵人郭慶之，有家生婢，名采薇，年少，有美色。宋孝建中，忽有一人，自稱山靈，如人裸身，形長丈餘，胸臂皆有黃色，膚貌端潔，言音周正，呼為『黃父鬼』，來通此婢。婢云：『意事如人。』鬼遂數來。常隱其身，時或露形。形變無常，乍大乍小，或似煙氣，或為石，或為小鬼，或為婦人；或如鳥獸足跡，或如人，長二尺許；或似鵝，跡掌大如盤。開戶閉牖，其入如神。與婢戲笑，如人也。

　　臨川郡民間還信仰一種「刀勞鬼」。干寶《搜神記》記載說：

　　臨川間諸山有妖物，來常因大風雨，有聲如嘯，能射人。其所著者，有頃便腫，大毒。有雄雌，雄急而雌緩，急者不過半日間，緩者經宿。其旁人常有以救之，救之少遲則死。俗名曰「刀勞鬼」。故外云曰：「鬼神者，其禍福發揚之驗於世者也。」[33]

33　干寶《搜神記》卷一二《刀勞鬼》條。

鬼神信仰之外，更有精怪崇拜。

人們認為自然界的萬物皆有靈性，都會幻化成種種精怪，舉凡山、石、草、木、花、鳥、禽、獸等都會成妖作怪，或變為妙齡少女，或化作英俊丈夫，或扮成皓首老翁和年邁老嫗，真乃變幻莫測，難以捉摸。其時，江西各地出現的所謂「鹿精」、「鼠精」、「竹精」，乃至天空中的彩虹、地上沙石、日用布料等大量精怪作祟的故事，正反映人們對精怪的崇拜。與鬼神崇拜不同的是，這些作祟的精怪最終往往原形畢露，以人們戰勝這些精怪而告終。

六朝志怪小說中，不乏對江西民間精怪崇拜的記述。干寶《搜神記》載：

陳郡謝鯤，謝病去職，避地於豫章。嘗行經空亭中夜宿，此亭舊每殺人。夜四更，有一黃衣人呼鯤字曰：『幼輿，可開戶。』鯤淡然無懼色，令伸臂於窗中。於是授腕，鯤即極力而牽之，其臂遂脫，乃還去。明日看，乃鹿臂也，尋血取獲。爾後此亭無複妖怪。

這裡講的是東晉豫章郡內一空亭中鹿精作祟的事。謝鯤來此前，鹿精每每殺人，可當地人皆懼怕，任其為非作歹。謝鯤將鹿精治住了，才使該亭不再有妖怪。

同在豫章郡，還發生過老鼠精作怪的事：

豫章有一家，婢在灶下，忽有人長數寸，來灶間壁。婢誤以

履踐之，殺一人。須臾，遂有數百人著衰麻服，持棺迎喪，凶儀皆備。出東門，入園中覆船下。就視之，皆是鼠婦。婢作湯灌殺，遂絕。[34]

鼠精被擬人化，說明人們對它的崇拜。女婢不信邪，硬是把一窩母老鼠用開水灌殺了。

臨川郡又有竹精作怪：

臨川陳臣，家大富。永初元年（420 年），臣在齋中坐。其宅內有一町筋竹。白日忽見一人，長丈餘，面如方相，從竹中出，逕語陳臣：「我在家多年，汝不知。今辭汝去，當令汝知之。」去一月許日，家大失火，奴婢頓死。一年中，便大貧。

陳臣因家有竹精而大富，卻未能察覺而予以祭祀，導致竹精的離去，遂大貧。

《搜神記》又載：

豫章有戴氏女，久病不差。見一小石，形像偶人。女謂曰：「爾有人形，豈人？能差我宿病者，吾將重汝。」其夜，夢有人告之：「吾將佑汝。」自後疾漸差。遂為立祠山下。戴氏為巫，

故名戴侯祠。[35]

　　一顆小石子居然也能成精，保佑人，戴氏因此而崇拜，專為之立祠。戴氏是個巫師，目的是借機裝神弄鬼，坑人騙人。但在世俗迷信盛行的時代，卻有相當的迷惑性。

　　託名陶潛撰的《搜神後記》也有類似記載：

　　豫章人劉廣，年少未婚。至田舍，見一女子，云：「我是何參軍女，年十四而夭，為西王母所養，使與下土人交。」廣與之纏綿。其日，於席間得手巾，裹雞舌香。其母取巾燒之，乃是火浣布。

　　火浣布成了精，變為女子與劉廣纏綿，本是荒唐事，卻在民間流傳開來，以至於被文人收入志怪小說。

　　同書還詳細地記述了一則彩虹化為丈夫，而與婦人生子的荒誕故事：

　　盧陵巴邱人陳濟者，作州吏。其婦秦，獨在家。常有一丈夫，長丈餘，儀容端莊，著絳紫袍，彩色炫耀，來從之。後常相遇於一山澗間。至於寢處，不覺有人道相感接。如是數年。比鄰人觀其所至則有虹見。秦至水側，丈夫以金瓶引水共飲。後遂有

35　干寶《搜神記》卷四《戴侯祠》條。

身，生而如人，多肉。濟假還，秦懼見之，乃納兒著甕中。此丈
夫以金瓶與之，令覆兒，云：「兒小，未可得將去。不須作衣，
我自衣之。」即與絳囊以裹之，令可時出與乳。於時風雨暝晦，
鄰人見虹下其庭，化為丈夫。複少時，將兒去，亦風雨暝晦，人
見二虹出其家。數年而來省母。後秦適田，見二虹於澗，畏之。
須臾見丈夫，云：「是我，無所畏也。」從此乃絕。

　　彩虹成了精怪，化為丈夫，數年出入陳家，常為鄰人所見。
後竟與陳婦秦生下一子，並將子帶去。這在現實中本不可能發生
的事，卻被民間傳得有聲有色，足見人們對精怪的崇拜達到何種
程度。

二　神仙敬奉與淫祀

　　魏晉南北朝時期，道教在江西各地得到廣泛傳播。龍虎山、
廬山、西山、玉笥、麻姑、鬼谷、閣皂等山之仙靈窟穴，不下數
十。而龍虎、西山尤為著名。龍虎山是中國道教的發祥地，歷代
天師世修其法；西山是神功妙濟許真君遜成仙之所。張道陵、葛
玄、葛洪、陸修靜等道教代表人物都曾在江西各地留下了他們的
足跡，產生了廣泛的影響。而道教所宣揚的又主要是長生不死、
飛升成仙。由此而導致江西民間對神仙的追求、信仰和崇拜。
　　東晉許遜是幫助家鄉人民治水立有大功的英雄，據說後來成
了仙，他便成了江西民間最受崇拜的神仙。有關許遜的軼聞甚
多，在江西各地廣為流傳，如說他如何運用道法斬蛟治水，如何
在東晉太元二年八月二日，於洪州西山舉家四十二口拔宅升仙而

去。升仙之際，曾從天上飄墜下一塊錦帷，鄉人便在這裡修建了一座道觀，取名遊帷觀（後改名玉隆萬壽宮）。成仙之後，在南昌許多地方留下大量的仙跡遺物，如妙濟觀、咒劍井、旌陽丹井、井中鐵柱等等。為了祭祀、紀念他，人們還在江西各地相繼修建了十多所道觀。

晉代豫章人吳猛一生為人治病，救死扶傷，造福桑梓，不僅是位杏林高手，而且道術高超，得秘法神符，道術大行。他雖然沒有成仙，卻成了受人尊敬的准仙人。有關他投符止風，不用舟楫而畫水渡河，一宿船行千里的傳說故事，正是江西民間對神仙的敬奉和追求的重要表現。

江西寧都有座金精山，山下有個金精洞，傳說漢代女子張麗英在此飛升成仙。鄉人便在山上修建一座仙女廟，其後名勝聞天下。魏晉以來，代代翻修，香火彌盛，以迄於明。人們常至廟中祭祀仙女以求雨。

南昌東南十五里有座定山橋，傳說漢代南昌尉梅福曾在橋旁溪水邊垂釣。梅福，九江壽春人，通經學，曾任南昌尉。他敢於直言進諫，多次上書成帝，譏刺外戚王氏。元始中，王莽專政，梅福一朝棄妻子，去九江，不知所終，後來傳說也成了仙。梅福在江西民間具有一定的影響，後人把他當作神仙崇拜，稱之為「梅仙」。並在他垂釣之處構築一庵觀，曰「梅仙祠」，又稱梅仙道觀。六朝時祭祀不斷，唐貞觀中改稱太乙觀，後屢毀屢建。

許遜、梅福等都是本地神仙，很自然地受到鄉人的信仰和崇拜。對於外地神仙，江西民間同樣格外敬奉。王子晉是傳說中的古仙人，頗受後世景仰，唐李白有詩云：「吾愛王子晉，得道伊

洛濱。」魏晉時，鄱陽等郡曾留下了子晉的仙跡。傳說陶侃微時，遭父喪。有人身長九尺，相貌端莊秀偉，來到門前遞上名刺（名片）。名刺上的字很古怪，不可識。陶侃心中詫異，知其非常人，親自出庭拜送。此人告訴陶侃說：「吾是王子晉，君有巨相，故來相看。」[36]說完，脫下衣帽，換上仙羽服，騎鵠騰空而去。

企盼神仙相助，擺脫苦難，獲得幸福，乃至飛黃騰達，這是中國古代民眾最普遍的善良願望。當這種願望無法實現時，他們又往往通過某些名人因得神仙相助而到達幸福彼岸的虛幻故事，以求得自我心靈的滿足。陶侃由寒微而發跡，乃至大富大貴，靠的是個人才能、頑強奮鬥，以及時代給予的機遇，並非神仙相助的結果。將陶侃的發跡歸結於仙人王子晉說他有「巨相」的虛幻故事，正是江西民間對神仙無限敬奉的表現。

鬼神信仰、精怪崇拜和神仙敬奉的結果是淫祀的盛行。所謂「淫祀」，是指不符合封建禮制所規定範圍之內的一切祭祀活動。東漢時期，淫祀即已盛行。時人的心態是，「祭祀必有福，不祭祀必有禍。是以病作卜祟，祟得修祀，祀畢意解，意解病已，執意以為祭祀之助。」[37]

魏晉以來，豫章民俗特信鬼神而重淫祀，淫祀的內容既有人格化的山川河澤，也有傳說中的人物、先代乃至當代的帝王將相和普通百姓，甚至一些特殊的動植物，如鹿、蛇、鼠、竹、布

36　劉敬叔《異苑》卷五《王子晉》條。
37　王充《論衡‧祀禮》。

等，都在祭祀之列。兩漢魏晉之際，許多在江西地方史上較有影響的人物，如漢之灌嬰、梅福、吳芮、徐孺子，吳之甘甯、太史慈，晉之陶侃、陶潛、許遜等，都被當作神，為之修觀、建廟、立祠，四時祭祀。至於各類山廟、龍王廟、城隍廟更是不可勝數。

淫祀的結果，不僅給廣大人民造成沉重的經濟負擔，也敗壞了地方風俗，擾亂了社會治安。一些開明的地方官吏，如漢之欒巴、吳之顧邵、蕭梁袁君正等，曾大毀山廟，嚴法禁，絕淫祀，猶不能革其陋風，以致一代一代蔓延下去，小民破貲產奔走淫祀者不可勝數。

三　巫術與畜蠱之風

世俗迷信中流傳甚廣的還有各種巫術。魏晉南北朝時期，巫術盛行，形式多樣，如厭勝、風角、望氣、占卜、占夢、相術等。厭勝是用念咒、傷害圖形偶像等辦法，以達到禍及仇家的一種巫術；風角是通過觀察自然界中的風來占卜吉凶；望氣即根據雲氣以占吉凶，兩者都是術士祈求神諭的手段，也多用於政治方面。

其時，江西民間巫術很盛行，各地皆有巫婆、巫師，較為流行的巫術主要有跳神、占夢、以符水替人治病及各種相術。從《晉書》、《南史》等史籍及六朝志怪小說中，常常可以看到巫婆、巫師在豫章、鄱陽、臨川、安成等郡活動的痕跡。豫章不但有巫師，還有巫長，如自稱有道術的大巫師萬世榮便為一郡巫長。所謂巫長，即為一郡巫師之首，很可能有自己的組織。安成郡也有巫師，而且很活躍。他們在各地大行巫術，愚弄百姓，騙

取錢財。

跳神是江西民間盛行的巫術之一，即巫婆或巫師裝出鬼神附體的樣子，亂說亂舞，口中念念有詞，說是替人驅鬼治病。劉義慶《幽明錄》便生動地記載了東晉安成郡一巫師跳神之事：

> 安開者，安成之俗巫也，善於幻術。每至祠神時，擊鼓宰三牲，積薪燃火盛熾，束帶入火中，章紙盡燒，而開形體衣服猶如初。時王凝之為江州，伺王當行，陽為王刷頭，簪荷葉以為帽，與王著。當時亦不覺帽之有異，到坐之後，荷葉乃見，舉坐驚駭，王不知。

這位名叫安開的巫師與眾不同，不僅會跳神，而且善於幻術（魔術）。祭神也很講究，要擊鼓，宰殺豬、牛、羊三牲，燃起一堆熊熊大火，而後進行表演。甚至敢在江州刺史王凝之面前裝神弄鬼，凝之居然被迷惑住了。王凝之是位虔誠的道教徒，道教原本是由巫術發展而來，其信巫術是很自然的事。既然刺史崇尚巫術，巫術在民間的氾濫便可想而知。

占夢，俗稱圓夢，即通過對夢的占卜來預測吉凶禍福。史稱陶侃曾「夢生八翼，飛而上天，見天門九重，已登其八，唯一門不得入。閽者（看門人）以杖擊之，因墜地，折其左翼。及寤，左腋猶痛」[38]。陶侃是否做過折翼之夢，不得而知，即使做過這

38　《晉書》卷六六《陶侃傳》，第 1779 頁。

樣的夢，他自己也不會說，很可能是巫師通過陶侃其他的夢而占成這樣的結果，以至傳揚開來。

相術的範圍較廣，包括相面、相宅、相墓、相印等。其中相面流傳最廣，影響最大。周訪、陶侃年少時，曾遇善相者陳訓為之相面。陳訓對二人說：「二君皆位至方嶽，功名略同，但陶得上壽，周得下壽，優劣更由年耳。」這是魏晉之際發生在尋陽的一則著名的相面故事。陳訓是當地有名的相士，據說他為周、陶二人相面相得很准，後來周訪做了梁州刺史，陶侃位至荊州刺史，功名略同。周訪小陶侃一歲，卻死得比陶侃早，卒年六十一，陶侃則享年七十六。周訪死後，陶侃官運亨通，官位扶搖直上，位至太尉，封長沙郡公，這便是陳訓所說的「優劣更由年耳」。

相宅、相墓也為時人所重。修宅、建墓一定要選擇風水寶地，否則便不吉利。東晉郭璞是占卜名家，曾為許遜相宅，相得豫章西山之陽，在一處名叫逍遙山的地方修宅居住。據說因為宅基地選得好，所以許遜後來成了仙。陶侃微時，父喪將葬，家中忽失牛而不知所在，一相士便跑來為之相墓，對他說：「前崗見一牛眠山汗（山凹）中，其地若葬，位極人臣矣。」又指一山雲：「此亦其次，當世出二千石。」[39]陶侃按相士指點，尋牛找到了這塊地，即將父葬其處；以相士所指別山給周訪，訪父死，葬其地。後來陶侃果拜太尉，位極人臣；周訪為刺史，稱著寧

39　《晉書》卷五八《周訪傳》，第1586頁。

益，自訪以下，三世為益州四十一年，如相士所言。

與此同時，豫章、鄱陽、臨川、廬陵、安成等郡又興起畜蠱之風。蠱即蠱毒，《隋書・地理志下》在談到豫章等郡的風俗時說：

然此數郡，往往畜蠱，而宜春偏甚。其法以五月五日聚百種蟲，大者至蛇，小者至虱，合置器中，令自相啖，餘一種存者留之。蛇則曰蛇蠱，虱則曰虱蠱，行以殺人。因食入人腹內，食其五臟，死則其產移入蠱主之家。三年不殺他人，則畜者自鐘其弊。累世子孫相傳不絕，亦有隨女子嫁焉。干寶謂之為鬼，其實非也。自侯景亂後，蠱家多絕，既無主人，故飛游道路之中則殞焉。

南朝梁、陳之際顧野王《輿地志》也記載說：

江南數郡有畜蠱者，主人行之以殺人，行飲食中，人不覺也。其家絕滅者，則飛遊妄走，中之則斃。

《輿地志》所說江南數郡實指豫章、鄱陽諸郡。《隋書・地理志》根據東晉南朝人的有關記載，將此事敘述得更加詳細。從這兩條史料中不難看出，所謂蠱，就是於五月五日這天，把許多毒蟲放在同一器皿裡，讓它們互相吞食，最後剩下不死的一種毒蟲叫蠱，用來放在食物中害人，謀奪他人財產。如不留意，也會給畜蠱之家帶來禍害，真可謂害人又害己。一些人以此為職業，

子孫世代相傳，甚至隨女出嫁，可見此風之盛行。

除各種蟲蠱之外，鄱陽郡還有人家畜養犬蠱。干寶《搜神記》記載說：

鄱陽趙壽有犬蠱。時陳岑詣壽，忽有大黃犬六七群，出吠岑。後余伯歸與壽婦食，吐血幾死，乃屑桔梗以飲之而愈。蠱有怪物，若鬼。其妖形變化，雜類殊種，或為狗豕，或為蟲蛇，其人不自知其形狀。行之於百姓，所中皆死。

所謂「犬蠱」，大約是一種特別豢養的毒狗、瘋狗之類。人被咬如不及時治療，往往會中毒而死。

其實，當時畜蠱之風並非僅僅局限於江南數郡，北方一些地方也有此種風俗。干寶《搜神記》還記述了滎陽等郡畜蠱之事：

滎陽郡（今河南滎陽縣）有一家姓廖，累世為蠱，以此致富。後取新婦，不以此語之。遇家人咸出，唯此婦守舍。忽見屋中有大缸，婦試發之，見有大蛇。婦乃作湯，灌殺之。及家人歸，婦具白其事，舉家驚愴。未幾，其家疾疫，死亡略盡。

可見，滎陽畜蠱之風也很盛行，廖家累世為蠱，並以此發了大財。干寶的家鄉新蔡（今河南新蔡縣）也有此風：

吾外婦姊夫蔣士，有傭客，得疾下血。醫以中蠱，乃密以襄荷根布席下，不使知。乃狂言曰：「食我蠱者，乃張小小也。」

乃呼小小亡去。今世攻蠱，多用蘘荷根，往往驗。蘘荷或謂嘉草。[40]

　　干寶外婦姊夫蔣士家中的一個傭客因中蠱毒而拉血，醫師用蘘荷根給他治好了。蘘荷或稱嘉草，多年生草本植物，莖、葉可編草鞋，根入中藥。當時，蘘荷根是醫治蠱毒的良藥。中了蠱毒的人可用中藥治癒，顯然不是個別現象。

　　從上述史料可知，畜蠱之風始於東晉，盛於南朝而衰於梁末。侯景之亂發生後，南方各地因受戰亂影響，蠱家近乎絕跡。

40　干寶《搜神記》卷一二《犬蠱》、《蛇蠱》、《張小小》條。

194 漢興平元年

豫章太守周術卒。袁術任命諸葛玄為豫章太守，玄攜姪諸葛亮及亮弟均赴任。

195 漢興平二年

漢朝更選朱皓代玄。皓向揚州刺史劉繇借兵攻玄，玄退，被迫離開南昌，投奔荊州牧劉表。皓旋為廣陵相笮融所殺。繇討融，融敗死，繇也病卒。

197 漢建安二年

袁術稱帝於壽春，自稱仲家，署置公卿百官。

199 漢建安四年

袁術死，稱帝失敗。其堂弟袁胤率部曲投奔廬江太守劉勳，劉勳因糧草不足，告糴於豫章太守華歆。告糴不成，勳怒，出兵伐上繚，了無所得。

孫策乘機滅劉勳，奪取豫章郡，並分豫章為廬陵郡，以堂弟孫賁、孫輔分別任二郡太守。

200 漢建安五年

孫策卒，孫權立。豫章、廬陵等地山越不附，權分部諸將討

之。

203 漢建安八年

鄱陽諸縣山越紛紛暴動，孫權遣諸將討之。

205 漢建安十年

孫權使賀齊討上饒山越，分上饒為建平縣。

206 漢建安十一年

黃祖遣將鄧龍率兵數千人入柴桑，周瑜追擊，生擒之。

208 漢建安十三年

孫權使呂蒙擒黃祖。

曹操率大軍席捲而南，直指荊州，孫權、劉備危急。諸葛亮見孫權於柴桑，共商拒敵大計。

赤壁之戰中，孫、劉聯軍以少勝多，大敗曹軍，奪得荊州。

210 漢建安十五年

劉備向孫權借荊州。孫權分豫章立鄱陽郡。

213 漢建安十八年

豫章東部民彭材、李玉、王海等起兵為亂，眾萬餘人。

214 漢建安十九年

南城、廬陵山越起，孫權命張昭、呂蒙討之。

215 漢建安二十年

孫權、劉備中分荊州。

219 漢建安二十四年

呂蒙自尋陽「白衣渡江」，擒殺關羽，襲奪荊州。

225 吳黃武四年

鄱陽山越彭綺自稱將軍，眾數萬人。

234 吳嘉禾三年

盧陵山越李恒、羅厲等起為亂。

236 吳嘉禾五年

孫權立盧陵南部都尉。

242 吳赤烏五年

全國大疫。

243 吳赤烏六年

鄱陽民帥吳遽等為亂，孫權遣陳表破之。

諸葛恪屯兵柴桑。

246 吳赤烏九年

陸抗遷立節中郎將，與諸葛恪換屯柴桑。

257 吳太平二年

孫亮分豫章東部都尉立臨川郡。

魏將諸葛誕舉壽春降，亮拜陸抗為柴桑督，赴壽春。

鄱陽、新都民為亂，亮分遣諸將討之。

259 吳永安元年

陶侃生。

264 吳永安六年

豫章山越張節等為亂，眾萬餘人。

266 吳寶鼎二年

孫皓分豫章、盧陵、長沙三郡立安成郡。

282 晉太康三年

晉武帝改盧陵南部都尉為南康郡。

291 晉元康元年

晉惠帝割揚州之豫章、鄱陽、盧陵、臨川、南康、建安、晉安，荊州之武昌、桂陽、安成合十郡，因江水之名而置江州，治豫章。

296 晉元康六年

陶侃入洛陽，被司空張華薦為郎中。

303 晉太安二年

張昌於安陸發動流民起義，隨即破江州，占豫章，建立政權，署置百官。

陶侃投依荊州刺史劉弘，被辟為南蠻長史，率軍於襄陽擊張昌。

304 晉永興元年

晉惠帝分盧江尋陽、武昌柴桑二縣置尋陽郡，屬江州。

張昌為荊州兵擒殺，起義失敗。

305 晉永興二年

陳敏據曆陽起兵反晉，自稱揚州刺史，相繼佔領豫章、盧陵等地。盧陵太守虞潭與諸軍共平敏弟陳恢。

306 晉光熙元年

劉弘卒。陶母病逝。陶侃去職。

307 晉永嘉元年

晉懷帝置立湘州，桂陽郡從江州劃出。

陳敏兵敗，斬於建鄴。

司馬越以琅邪王司馬睿為安東將軍，都督揚州江南諸軍事，鎮建鄴。

308 晉永嘉二年

華軼出為江州刺史,以杜夷為儒林祭酒,興學崇儒。

309 晉永嘉三年

陶侃服喪期滿,投依司馬越,被用為參軍。華軼薦之為揚武將軍,駐屯夏口,司馬睿加侃奮威將軍。侃與華軼斷絕關係。

311 晉永嘉五年

司馬睿平華軼,定江州。

湘州爆發杜弢流民大起義。

312 晉永嘉六年

杜弢流民軍入江州,荊州刺史周顗率兵討弢,兵敗,被革職。

315 晉建興三年

司馬睿以王敦為鎮東大將軍,加都督江、揚、荊、湘、交、廣六州諸軍事,兼江州刺史。王敦率陶侃、周訪、甘卓共擊弢。陶侃、周訪平定湘州,杜弢流民軍遭鎮壓。

陶侃戰功卓著,晉升荊州刺史。因遭王敦排斥,左轉廣州刺史。

318 晉太興元年

以王敦為江州牧,加荊州刺史。江州置牧始於此。

二月,廬陵、豫章、武昌、西陽地震山崩。

322 晉永昌元年

王敦於武昌舉兵作亂,攻入建康。元帝以敦為丞相、江州牧,隨後退回武昌。

十一月,大疫,死者十二三。

324 晉太寧二年

王敦二次舉兵作亂，被官軍擊敗，叛亂平息。

明帝以應詹為平南將軍、江州刺史。

325 晉太寧二年

明帝以陶侃為荊州刺史、征西大將軍。

326 晉咸和元年

應詹卒，溫嶠繼為平南將軍、江州刺史。

327 晉咸和二年

蘇峻、祖約舉兵反叛。

四月，豫章地震。

328 晉咸和三年

蘇峻叛軍攻克建康，庾亮西奔尋陽，投溫嶠。溫嶠、庾亮共推陶侃為盟主，同赴國難。侃率荊、江二州兵直指石頭城下，在東路軍的配合下，很快將叛亂平息。

329 晉咸和四年

陶侃晉升太尉、七州都督，封長沙郡公。

溫嶠拜驃騎將軍，封始安郡公。溫嶠回鎮，患齒疾，拔牙中風而死，時年四十二歲。

劉胤代嶠為江州刺史。郭默乘機滋事，擅殺劉胤。

十月，柴桑廬山西北崖崩。

330 晉咸和五年

陶侃起兵討郭默，斬之於軍門。詔以侃為江州都督、領刺史。五月，大饑且疫。

334 晉咸和九年

陶侃病逝于樊溪，時年七十六。庚亮繼為荊、江二州刺史。

340 晉咸康六年

庚亮卒。弟翼為荊州刺史，代亮鎮武昌。

王允之出為江州刺史。

342 晉咸康八年

外戚褚裒為江州刺史。

343 晉建元元年

庚翼移鎮襄陽，準備北伐。詔以翼兄冰為荊、江等七州都督，領江州刺史。

344 晉建元二年

庚冰卒。朝廷複以翼督江州。

345 晉永和元年

庚翼卒。朝廷以桓溫為安西將軍、荊州刺史。

王羲之出為江州刺史。

347 晉永和三年

桓溫滅成漢。

352 晉永和八年

殷浩北伐失敗，桓溫上疏彈劾，浩被免為庶人。自此，朝廷內外大權盡歸於溫。

353 晉永和九年

五月，大疫。

356 晉永和十二年

桓溫二弟桓雲出刺江州。

360 晉興平二年

　桓雲死，桓溫以其五弟沖繼為江州刺史。

365 晉興寧三年

　陶潛出生。

373 晉甯康元年

　桓溫死，臨終前三分其地，以弟豁為荊州刺史，沖為揚、豫二州刺史，鎮姑孰，代溫居任；以豁子桓石秀為江州刺史。

377 晉太元二年

　桓豁卒，桓沖都督江、荊、梁、益、寧、交、廣七州諸軍事，領荊州刺史，以其子嗣為江州刺史。

380 晉太元五年

　自去冬大疫，至於此夏，民多絕戶者。

381 晉太元六年

　慧遠法師入廬山。

　六月，江、荊、揚三州大水。

383 晉太元八年

　桓沖自領江州刺史。

　三月，始興、南康、廬陵大水，平地五丈。

384 晉太元九年

　桓沖卒。朝廷以桓伊為江州刺史。

　豫章王韜自稱孝神皇帝，聚黨數百人發動起義。

388 晉太元十三年

　王凝之出為江州刺史。

389 晉太元十四年

范甯出任豫章太守，在郡大興學校。

琅邪王司馬道子以太原王忱為荊州刺史。

392 晉太元十七年

王忱死。殷仲堪出為荊州刺史。

393 晉太元十八年

六月，始興、南康、盧陵大水，深五丈。

397 晉隆安元年

青、兗二州刺史王恭聯合殷仲堪、桓玄舉兵，司馬道子殺王國寶、王緒，王恭罷兵回京口。

398 晉隆安二年

王恭二次舉兵，與殷仲堪共推桓玄為盟主。王恭兵敗被殺，殷仲堪黜為廣州刺史，殷、桓退兵尋陽結盟。朝廷尋複仲堪職，乃各還鎮。

399 晉隆安三年

桓玄火拼殷仲堪、楊佺期。朝廷以玄為荊州刺史，兼江州刺史。

401 晉隆安五年

孫恩自海島起兵作亂，劉牢之、劉裕擊破之。

桓玄以兄偉為江州刺史。

402 晉元興元年

桓玄舉兵攻入建康，自總朝政，以兄偉為荊州刺史，桓石生為江州刺史。

孫恩寇臨海，大敗，投海死，餘黨推恩妹夫盧循為首領，繼

續作亂。

慧遠組建白蓮社，創中國佛教彌陀淨土信仰。

403 晉元興二年

桓玄禪代稱帝，建國號曰楚，改元永始。

盧循泛海南走番禺，陷廣州，又使其姊夫徐道覆攻始興。

404 晉元興三年

劉裕起兵討桓玄，玄敗歸江陵。複聚兵東下，與劉裕大戰於桑落洲，又敗，後被殺。

405 晉義熙元年

陶潛出任彭澤令，年四十二。

朝廷以盧循為廣州刺史，徐道覆為始興相。

十月，大疫。

409 晉義熙五年

盧循、徐道覆欲乘虛攻建康，於贛南並力裝船。

正月，尋陽地震，有聲如雷。

410 晉義熙六年

盧循自始興攻長沙，徐道覆沿贛江而下，相繼陷南康、盧陵、豫章諸郡。江州刺史何無忌與徐道覆激戰於豫章，無忌敗死，江州遂失。劉毅複與盧循戰於桑落洲，又大敗，舉朝驚恐。

411 晉義熙七年

劉藩斬徐道覆於始興，盧循於龍編投水死。孫恩、盧循之亂全部平定。

412 晉義熙八年

盧陵、南康地四震。

416 晉義熙十二年

慧遠法師圓寂。

420 宋永初元年

劉裕代晉建宋，南朝始。

424 宋元嘉元年

宋文帝劉義隆即位。

427 宋元嘉四年

陶潛卒。

436 宋元嘉十三年

宋文帝殺江州刺史、北府名將檀道濟，「自毀長城」。

440 宋元嘉十七年

彭城王劉義康改授江州刺史。

445 宋元嘉二十二年

范曄等謀反伏誅，事連義康，義康被免為庶人。

447 宋元嘉二十四年

豫章人胡誕世、胡茂世兄弟殺太守，據郡反，欲立義康為帝。

451 宋元嘉二十八年

劉義康被誅，葬安成。

453 宋元嘉三十年

太子劉劭弒父篡位。武陵王劉駿起兵江州奪帝位，是為孝武帝。

454 宋孝建元年

江、荊、兗、豫四州同反，禍起江州，反叛旋被平息。宋孝

武帝分荊、江八郡置郢州。

465 宋泰始元年

鄧琬擁晉安王劉子勛起兵尋陽，天下同反。

466 宋泰始二年

劉子勛稱帝尋陽，半年而敗。

473 宋元徽元年

江州刺史、桂陽王劉休範起兵尋陽奪帝位，旋敗。

479 齊建元元年

蕭道成禪代稱帝，國號齊。

499 齊永元元年

江州刺史陳顯達起兵尋陽，旋敗。

501 齊中興元年

雍州刺史蕭衍起兵，江州刺史陳伯之歸降。

502 梁天監元年

蕭衍代齊建梁，稱帝改元，是為梁武帝。

535 梁大同元年

鄱陽郡人鮮于琛利用道教發動起義，眾萬人。

542 梁大同八年

安成人劉敬躬起義，眾數萬人。

544 梁大同十年

巴山郡王勤宗起義。

548 梁太清二年

侯景之亂發生。

549 梁太清三年

侯景攻破建康台城，梁武帝遭軟禁，被餓死。

550 梁大寶元年

江州刺史、尋陽王蕭大心舉州降侯景，侯景將於慶攻陷豫章等地，江州人民紛紛起兵抗景。

陳霸先過大庾嶺，蔡路養將兵二萬人，拒之於南野。

551 梁大寶二年

陳霸先進兵江州平侯景，蕭繹用為江州刺史。

王僧辯率眾討侯景，駐兵溢城。侯景勢力被逐出江州。

552 梁承聖元年

陳霸先、王僧辯會師尋陽白茅灣，歃血為盟，共滅侯景。侯景被殺，侯景之亂平定。

梁元帝蕭繹即位於江陵。

554 梁承聖三年

西魏陷江陵，梁元帝被殺，敬帝立。

555 梁承聖四年

陳霸先殺王僧辯，重新扶立敬帝。

556 梁太平二年

侯瑱擁兵據江州。

557 陳永定元年

廣州刺史蕭勃起兵反陳霸先，南江州刺史余孝頃引兵相會。

陳霸先禪代稱帝，國號陳。

558 陳永定二年

王琳引兵東下與陳霸先對抗，余孝頃舉兵回應，被俘，歸順

朝廷。熊曇朗殺周文育。

559 陳永定三年

熊曇朗襲臨川周敷，敗走巴山郡。

560 陳天嘉元年

周迪、黃法氍共擊熊曇朗，曇朗敗死。

562 陳天嘉三年

周迪舉兵對抗陳朝。

563 陳天嘉四年

周迪敗逃山谷，官軍攻克臨川。

564 陳天嘉五年

周迪兵敗複振，殺周敷。

565 陳天嘉六年

周迪敗死。

567 陳光大元年

南豫州刺史余孝頃被誣以謀反罪伏誅。

576 陳太建八年

六州都督、征西大將軍黃法氍卒，時年五十六。

589 陳禎明三年

隋滅陳，統一全國。

主要

參考文獻

司馬遷《史記》，中華書局標點本，1966。

班固《漢書》，中華書局標點本，1962。

范曄《後漢書》，中華書局標點本，1965。

陳壽《三國志》，中華書局標點本，1959。

房玄齡《晉書》，中華書局標點本，1974。

李延壽《南史》，中華書局標點本，1975‧。

李延壽《北史》，中華書局標點本，1974。

沈約《宋書》，中華書局標點本，1974。

蕭子顯《南齊書》，中華書局標點本，1972。

姚思廉《梁書》，中華書局標點本，1973。

姚思廉《陳書》，中華書局標點本，1972。

魏徵等《隋書》，中華書局標點本，1973‧。

司馬光《資治通鑒》，中華書局標點本，1956。

明正德《建昌府志》。

清《江西通志》。

清・同治《饒州府志》。

王謨《豫章十代文獻略》，乾隆三十九年刊本。

民國八年重修《南昌縣誌》。

吳廷燮《東晉方鎮年表序》，收入《廿五史補編》，中華書局，1955。

嚴可均《全上古三代秦漢三國六朝文》，中華書局，1958。

李昉等《文苑英華》，中華書局，1966。

顏之推《顏氏家訓》，王利器集解，上海古籍出版社，1980。

劉義慶《世說新語》，上海古籍出版社，1982。

李吉甫《元和郡縣圖志》，中華書局，1983。

趙翼《廿二史箚記》，中華書局，1984。

《全唐詩》，上海古籍出版社，1985。

許嵩《建康實錄》，張忱石點校，中華書局，1986。

《歷代高僧傳》，上海書店，1989。

酈道元《水經注》，上海古籍出版社，1990。

葛洪《抱樸子》，上海古籍出版社，1990。

僧祐《弘明集》，上海古籍出版社，1991。

王應麟《玉海》，上海古籍出版社，1992。

杜佑《通典》，中華書局，1992。

婁近垣《龍虎山志》，江西人民出版社，1996。

干寶《搜神記》、（託名）陶淵明《搜神後記》、劉義慶《幽明錄》、劉敬叔《異苑》，皆載於《漢魏六朝筆記小說大觀》，上海古籍出版社，1999。

《陶淵明集》龔斌校箋，上海古籍出版社，1999。

樂史《太平寰宇記》，（出版社不詳）

徐陵《玉台新詠》，成都古籍書店影印本。

董誥等編《全唐文》，中華書局影印本。

白居易《白氏長慶集》。

陸羽《茶經》。

《毛澤東選集》，人民出版社，1951。

范文瀾《中國通史簡編》（修訂本），人民出版社，1964。

唐長孺《魏晉南北朝史論叢》，生活・讀書・新知三聯書店，1978。

錢鐘書《談藝錄》，中華書局，1984。

高敏《秦漢魏晉南北朝土地制度研究》，中州古籍出版社，1986。

陳寅恪《魏晉南北朝史講演錄》，萬繩楠整理，黃山書社，1989。

田余慶《東晉門閥政治》，北京大學出版社，1989。

湯用彤《理學・佛學・玄學》，北京大學出版社，1991。

周鑾書等編《谷霽光史學文集》，江西人民出版社，江西教育出版社，1996。

許懷林《江西史稿》，江西高校出版社，1998。

江西省博物館考古隊《江西清江南朝墓》，載《考古》1962年第 4 期。

江西省文管會余家棟《江西撫州發現東晉墓》，載《考古》1966 年第 1 期。

江西省博物館《江西瑞昌馬頭晉墓》，載《考古》1974 年第 1 期。

江西省博物館《江西南昌西晉墓》，載《考古》1974 年第 6 期。

許智范《南昌繩金塔西晉墓》，載《文物工作資料》1976 年第 5 期。

劉林《南昌市東吳高榮墓的發掘》，載《江西歷史文物》1980 年第 1 期。

《大余二塘南朝墓葬調查》，載《江西歷史文物》1980 年第 3 期。

劉詩中《貴溪崖墓所反映的武夷山地區古越族的族屬及文化特徵》，載《文物》1980 年第 11 期。

萬德強《豐城縣新發現青瓷窯址》，載《江西歷史文物》1983 年第 4 期。

李坊洪《上猶縣發現西晉摩崖題刻》，載《江西歷史文物》1984 年第 2 期。

豐城市博物館呂遇春、熊友俊《豐城出土長鼓舞人青瓷博山爐》，載《江西文物》1989 年第 1 期。

萬良田、萬德強《江西豐城東晉南朝窯址及匣缽裝燒工藝》，載《江西文物》1989 年第 3 期。

李希朗《江西吉水晉代磚室墓》，載《南方文物》1994 年第 3 期。

李希朗《江西吉水富灘東吳墓》，載《南方文物》1996 年第 3 期。

趙德林《東晉宴樂圖漆盤》，載《南方文物》1999 年第 4 期。

孫家驊、詹開遜《手鏟下的文明——江西重大考古發現》，江西人民出版社，2004。

江西文庫 A0701A07

江西通史：魏晉南北朝卷　下冊

主　　編　鍾啟煌
作　　者　周兆望
責任編輯　楊家瑜

發 行 人　陳滿銘
總 經 理　梁錦興
總 編 輯　陳滿銘
副總編輯　張晏瑞
編 輯 所　萬卷樓圖書股份有限公司
排　　版　菩薩蠻數位文化有限公司
印　　刷　百通科技股份有限公司
封面設計　菩薩蠻數位文化有限公司
出　　版　昌明文化有限公司
桃園市龜山區中原街 32 號
電話 (02)23216565
發　　行　萬卷樓圖書股份有限公司
臺北市羅斯福路二段 41 號 6 樓之 3
電話 (02)23216565
傳真 (02)23218698
電郵 SERVICE@WANJUAN.COM.TW
大陸經銷　廈門外圖臺灣書店有限公司
　　電郵 JKB188@188.COM

ISBN 978-986-496-181-8
2018 年 1 月初版
定價：新臺幣 360 元

如何購買本書：
1. 轉帳購書，請透過以下帳戶
　　合作金庫銀行　古亭分行
　　戶名：萬卷樓圖書股份有限公司
　　帳號：0877717092596
2. 網路購書，請透過萬卷樓網站
　　網址 WWW.WANJUAN.COM.TW
大量購書，請直接聯繫我們，將有專人為您
服務。客服：(02)23216565 分機 610
如有缺頁、破損或裝訂錯誤，請寄回更換

國家圖書館出版品預行編目資料

江西通史 魏晉南北朝卷 / 鍾啟煌主編.-- 初
版.-- 桃園市：昌明文化出版；臺北市：萬
卷樓發行, 2018.01
　　冊；　　公分
ISBN 978-986-496-181-8(下冊：平裝)
1.歷史 2.江西省
672.41　　　　　　　　　　107001858